国家职业技能鉴定考试指导

计算机(微机)维修工

(高级)

主　编　朱红星　高建国

编　者　伍粤山　赖圣贵　李文远　刘志勇

主　审　陈孟锋

审　稿　陈瑛洁　张　瑜

中国劳动社会保障出版社

图书在版编目(CIP)数据

计算机（微机）维修工：高级/人力资源和社会保障部教材办公室组织编写．—北京：中国劳动社会保障出版社，2011

国家职业技能鉴定考试指导

ISBN 978-7-5045-9366-5

Ⅰ.①计… Ⅱ.①人… Ⅲ.①电子计算机-维修-职业技能-鉴定-教材 Ⅳ.①TP307

中国版本图书馆 CIP 数据核字(2011)第 210956 号

中国劳动社会保障出版社出版发行

（北京市惠新东街 1 号　邮政编码：100029）

出 版 人：张梦欣

*

新华书店经销

北京地质印刷厂印刷　三河市华东印刷装订厂装订

787 毫米×1092 毫米　16 开本　10.5 印张　202 千字

2011 年 10 月第 1 版　　2011 年 10 月第 1 次印刷

定价：20.00 元

读者服务部电话：010-64929211/64921644/84643933

发行部电话：010-64961894

出版社网址：http://www.class.com.cn

编写说明

《国家职业技能鉴定考试指导》（以下简称《考试指导》）是《国家职业资格培训教程》（以下简称《教程》）的配套辅助教材，每本《教程》对应配套编写一册《考试指导》。《考试指导》共包括三部分：

第一部分：理论知识鉴定指导。此部分内容按照《教程》章的顺序，对照《教程》各章理论知识内容编写。每章包括三项内容：考核要点、辅导练习题、参考答案。

——理论知识考核要点是依据国家职业标准、结合《教程》内容归纳出的该职业从基础知识到《教程》各章内容的考核要点，以表格形式叙述。表格由理论知识考核范围、考核要点及重要程度三部分组成。

——理论知识辅导练习题题型采用三种客观性命题方式，即判断题、单项选择题和多项选择题，题目内容、题目数量严格依据理论知识考核要点，并结合《教程》内容设置。

第二部分：操作技能鉴定指导。此部分内容包含三项内容：考核要点、辅导练习题、参考答案。

——操作技能考核要点是依据国家职业标准、结合《教程》内容归纳出的该职业在该级别的总体操作技能考核要点，以表格形式叙述。表格由操作技能考核范围、操作技能考核要点及重要程度三部分组成。

——操作技能辅导练习题题型按职业实际情况安排了实际操作题、模拟操作题、案例选择题、案例分析题、情景题、写作题等，部分职业还依据职业特点及实际考核情况采用了其他题型。

第三部分：模拟试卷。包括该级别理论知识考核模拟试卷、操作技能考核模拟试卷若干套，并附有参考答案。理论知识模拟试卷体现了本职业该级别大部分理论知识考核要点的内容；操作技能考核模拟试卷完全涵盖了操作技能考核范围，体现了操作技能考核要点的内容。

本职业《考试指导》共包括 4 本，即基础知识、初级、中级、高级。本书是其中一本，适用于对高级计算机（微机）维修工的职业技能培训和鉴定考核。

本书在编写过程中得到了广东省职业训练局、广东省机械技师学院、广州市工贸技师学院、广州白云技师学院、北京智源时代科技有限公司等单位的大力支持与协助，在此一并表示衷心的感谢。

编写《考试指导》有相当的难度，是一项探索性工作。由于时间仓促，缺乏经验，不足之处在所难免，恳切欢迎各使用单位和个人提出宝贵意见和建议。

目　录

第一部分　理论知识鉴定指导

第二部分 操作技能鉴定指导

第三部分 模拟试卷

第一部分　理论知识鉴定指导

第1章　计算机系统安装、配置与调试

考核要点

理论知识考核范围	考核要点	重要程度
多媒体设备的种类	1. 显卡的接口类型	掌握
	2. 多媒体设备的种类	掌握
多媒体设备的主要技术指标	1. PCI-E的带宽	掌握
	2. 视频采集卡的特性	掌握
	3. 显示器的刷新率	掌握
	4. PCI-E插槽的类型	掌握
	5. 液晶显示器的性能指标	掌握
网络终端设备属性	1. 网卡的功能	掌握
	2. ADSL的功能	掌握
交换机、路由器的工作原理	1. 二层交换机的工作原理	掌握
	2. Modem的工作原理	熟悉
	3. 双绞线的特性	掌握
	4. 交换机、路由器的配置	掌握
	5. 路由器的工作原理	掌握
	6. DHCP服务器的工作原理	掌握

辅导练习题

一、判断题（下列判断正确的请在括号内打“√”，错误的请在括号内打“×”）

1. 显卡发展到今天共有4种图形接口。　　（　　）

2. PCI-E是显卡主流的图形接口。　　（　　）

3. 外置 USB 接口的无线网卡能够传输多媒体数据。（　）

4. 视频采集卡、声卡、打印机属于多媒体设备。（　）

5. 取代 AGP 接口的 PCI-E 接口已成为显卡主流的图形接口。（　）

6. PCI-E 2.0 显卡接口位宽为 x16，能够提供 6 GB/s 的带宽。（　）

7. 高档的视频采集卡能直接把模拟视频数据压缩成 MPEG-1 格式文件。（　）

8. 视频采集卡可以将数字视频数据信息转化为模拟视频数据信息存储或播放。（　）

9. 选择“显示 属性”页中的“设置”标签，点击“高级”按钮，在“常规”标签中可以调整显示器的刷新率。（　）

10. 目前液晶显示器的刷新率设置为 75 Hz，可达到较好的显示效果。（　）

11. PCI-E 2.0 16X 的显卡不能插在 PCI-E 16X 插槽上。（　）

12. PCI-E x16 2.0 接口的插槽不兼容 PCI-E x16 2.0 接口的显卡。（　）

13. 液晶显示器的分辨率低，可能造成屏幕图像闪烁或抖动。（　）

14. 液晶显示器的可视角度都是左右、上下对称的。（　）

15. 每块网卡的 MAC 地址是由网卡生产厂家在生产阶段烧入 RAM 中的。（　）

16. 无论是有线连接还是无线连接，都必须借助于网卡才能实现数据的通信。（　）

17. ADSL 是“对称数字用户线路”（Asymmetric Digital Subscriber Line）的简称。（　）

18. ADSL 是一种异步传输模式（ATM）。（　）

19. 二层交换机是一种基于 MAC 识别，能实现封装转发数据包功能的网络设备。（　）

20. 交换机上的每个物理端口独享端口带宽，因此每个端口不是一个冲突域。（　）

21. 调制解调器的最大传输速率是 64 Kbps。（　）

22. 通过调制解调器和电话线可以实现计算机之间的数据通信。（　）

23. 双绞线主要用来传输数字信号，而不适用于传输模拟信号。（　）

24. 屏蔽双绞线电缆的外层由铝箔包裹，这样可以减小辐射，但不能完全消除辐射。（　）

25. 一台与宽带路由器（不带 Console 口）的 LAN 口相连接的 PC 机能够对宽带路由器进行具体设置。（　）

26. 带有 MAC 地址功能的宽带路由器可将网卡上的 MAC 地址写入，让服务器通过接入时的 MAC 地址验证，以获取宽带接入认证。（　）

27. 路由器各接口上的 IP 地址应在同一网段内。（　）

28. 路由器工作在 OSI 参考模型的网络层。（　）

29. DHCP 是 TCP/IP 协议簇中的一种，主要用来给网络客户机分配静态 IP 地址。（　）

30. 路由器提供动态 IP 地址配置方式，比静态 IP 地址配置方式更加灵活。（　）

二、单项选择题（下列每题有 4 个选项，其中只有 1 个是正确的，请将其代号填写在横线空白处）

1. 显卡发展到今天出现过多种与主板相关的接口，但不包括下列选项中的________接口。

A. PCI　　B. DVI

C. AGP　　D. PCI-E

2. 显卡发展到今天出现过多种与主板相关的接口，下列选项中，________接口速度最快。

A. ISA　　B. PCI

C. AGP 8X　　D. PCI-E 16X

3. 显卡发展到今天出现过多种与主板相关的接口，下列选项中，________接口速度最慢。

A. ISA　　B. PCI

C. AGP 8X　　D. PCI-E 16X

4. 下列选项中，________不属于多媒体设备。

A. 网卡　　B. 主板检测卡

C. 显卡　　D. 视频采集卡

5. 下列选项中，________属于内置板卡型多媒体设备。

A. 音箱　　B. 显示器

C. 主板北桥芯片　　D. 视频采集卡

6. 下列选项中，________属于外部独立型多媒体设备。

A. 显示器　　B. 视频采集卡

C. 显卡　　D. 主板

7. PCI-E 2.0 是显卡主流的图形接口，位宽为 x16 的 PCI-E 2.0 接口能够提供________的最大带宽。

A. 3 GB/s　　B. 6 GB/s

C. 12 GB/s　　D. 16 GB/s

8. PCI-E 总线________。

A. 是串行总线　　B. 支持双向传输模式

C. 支持热插拔　　D. 每个传输通道共享带宽

9. 目前主流的 PCI-E 2.0 接口的 X1 通道规格能够提供________的最大带宽。

A. 250 MB/s　　B. 500 MB/s

C. 1 GB/s　　D. 2 GB/s

10. 一般的 PC 视频采集卡采用帧内压缩算法把数字化的视频存储成________格式文件，高端的视频采集卡还能直接把视频数据压缩成 MPEG-1 格式文件。

A. AVI　　B. RMVB

C. DVD　　D. JPEG

11. 安装在计算机内部的视频采集卡一般为________接口。

A. PCI　　B. ISA

C. PCI-E　　D. AGP

12. 大多数视频采集卡都具备硬件压缩功能，在采集视频信号时首先在卡内对视频信号进行压缩，然后再通过________接口把压缩的视频数据传送给主机。

A. AGP　　B. ISA

C. PCI-E　　D. PCI

13. 显示器的刷新率越高，图像显示越稳定。国际视频协会将________ Hz 逐行扫描制定为无闪烁标准。

A. 65　　B. 75

C. 85　　D. 95

14. 目前液晶显示器的刷新率设置为________ Hz 就可达到较好的显示效果。

A. 65　　B. 75

C. 85　　D. 95

15. 对于 CRT 显示器，建议刷新率调整为________ Hz 或以上。

A. 65　　B. 75

C. 85　　D. 95

16. PCI-E 插槽的类型包括________。

A. PCI-E x1、PCI-E x4、PCI-E x8

B. PCI-E x4、PCI-E x8、PCI-E x16

C. PCI-E x1、PCI-E x2、PCI-E x4

D. PCI-E x1、PCI-E x4、PCI-E x8、PCI-E x16

17. 在 PCI-E 接口模式中，________模式用于内部接口而非插槽模式。

A. PCI-E x1　　B. PCI-E x2

C. PCI-E x8 D. PCI-E x16

18. 在 PCI-E 接口模式中，________模式取代 AGP 接口。

A. PCI-E x1 B. PCI-E x4

C. PCI-E x8 D. PCI-E x16

19. 下列选项中，________属于液晶显示器的主要性能指标。

A. TCO 认证 B. 响应时间

C. 扫描频率 D. 带宽

20. 下列关于液晶显示器分辨率的叙述，正确的是________。

A. 液晶显示器的分辨率是固定的，不可调整

B. 两台液晶显示器屏幕大小相同，则它们的分辨率必定相同

C. 液晶显示器的分辨率和 CRT 显示器的分辨率相同

D. 液晶显示器的最佳分辨率，也称最低分辨率

21. 17 英寸液晶显示器的最佳分辨率是________。

A. 1 024×768 B. 1 280×1 024

C. 1 680×1 050 D. 1 920×1 080

22. 网卡通过网线将数据发送到网络上去或从网络上接收数据的单位是________。

A. 字节 B. 帧

C. 单元 D. 字符

23. 将个人计算机接入局域网时，通常使用的设备是________。

A. 网卡 B. 调制解调器（Modem）

C. 电话机 D. 电话线

24. 每块网卡都有一个唯一的网络节点地址，叫做________地址。

A. IP B. MAC

C. 逻辑 D. 虚拟

25. ADSL 调制解调器采用________技术在电话线上分隔有效带宽，产生多路信道。

A. 频分多路复用 B. 时分多路复用

C. 码分多路复用 D. 差分多路复用

26. ADSL 调制解调器使用________将网络接入 Internet。

A. 同轴电缆 B. 电话线

C. 光纤 D. 超五类双绞线

27. 使用电话线接入 Internet 最快的设备是________。

A. Modem B. 网卡

C. ISDN　　D. ADSL

28. 二层交换机是工作在 OSI 参考模型________上的网络设备。

A. 物理层　　B. 数据链路层

C. 网络层　　D. 会话层

29. 二层交换机是基于________识别，能实现封装转发数据包功能的网络设备。

A. MAC 地址　　B. IP 地址

C. 端口地址　　D. IP 协议

30. 交换机上的每个物理端口是一个________。

A. 子网　　B. 网段

C. 广播域　　D. 冲突域

31. 调制解调器（Modem）是________之间进行信号转换的装置。

A. 计算机与电话线　　B. 计算机与计算机

C. 计算机与交换机　　D. 计算机与电话机

32. ________是通过电话拨号接入 Internet 的硬件设备。

A. 交换机　　B. 路由器

C. 调制解调器　　D. ADSL

33. 调制解调器由________构成。

A. 调制器　　B. 调制器和解调器

C. 解调器　　D. 数模转换器

34. 目前企业局域网中首选的传输介质是________。

A. 光纤　　B. 双绞线

C. 同轴电缆　　D. 微波

35. EIA/TIA568A 标准的排列顺序是________。

A. 白橙、橙、白绿、蓝、白蓝、绿、白棕、棕

B. 白绿、绿、白橙、蓝、白蓝、橙、白棕、棕

C. 白橙、橙、白绿、绿、白蓝、蓝、白棕、棕

D. 白绿、绿、白橙、橙、白蓝、蓝、白棕、棕

36. EIA/TIA568B 标准的排列顺序是________。

A. 白橙、橙、白绿、蓝、白蓝、绿、白棕、棕

B. 白绿、绿、白橙、蓝、白蓝、橙、白棕、棕

C. 白橙、橙、白绿、绿、白蓝、蓝、白棕、棕

D. 白绿、绿、白橙、橙、白蓝、蓝、白棕、棕

37. 新购置的交换机，一般是通过交换机的________对交换机进行配置。

A. Console 口　　B. RJ45 口

C. FDDI 口　　D. Ethernet 口

38. 连接 ADSL 的路由器一般设置为________。

A. PPPoA 模式　　B. Bridge 模式

C. PPPoE 模式　　D. 专线模式

39. 路由器与 ADSL 的连接应使用________。

A. 交叉双绞线　　B. 平行双绞线

C. 全反双绞线　　D. 串行线

40. 路由器是一种典型的________设备。

A. 网络层　　B. 传输层

C. 应用层　　D. 物理层

41. 路由器的主要工作是为经过路由器的每个数据帧________。

A. 分配网络带宽　　B. 分解适当大小的数据包

C. 寻找一条最佳传输路径　　D. 选择合适的路由协议

42. 路由器与交换机的主要区别是________。

A. 交换机根据 MAC 地址寻址，路由器根据 IP 地址寻址

B. 路由器与交换机都根据 MAC 地址寻址

C. 路由器与交换机都根据 IP 地址寻址

D. 路由器比交换机转发数据包的速度快

43. 如果客户机无法找到 DHCP 服务器，则它从 Microsoft 保留的________网段中挑选一个 IP 地址作为自己的 IP 地址。

A. A 类　　B. B 类

C. C 类　　D. D 类

44. 一个有效租约的 DHCP 客户重启后不能与 DHCP 服务器进行联系，则 DHCP 客户将________。

A. 尝试 ping 在租约中设置的 DNS 服务器

B. 尝试 ping 在租约中设置的 WINS 服务器

C. 尝试 ping 在租约中设置的默认网关

D. 尝试 ping 在租约中设置的 IP 地址

45. DHCP 是________协议簇中的一种。

A. AppleTalk　　B. TCP/IP

C. IPX/SPX　　D. NetBIOS

三、多项选择题（下列每题有 4 个选项，其中有 2 个或 2 个以上是正确的，请将其代号填写在横线空白处）

1. 显卡发展到今天出现过多种与主板相关的接口，包括下列选项中的________接口。

A. PCI　　B. DVI

C. AGP　　D. PCI-E

2. 显卡发展到今天出现过多种与主板相关的接口，但不包括下列选项中的________接口。

A. D-Sub　　B. DVI

C. AGP 8X　　D. PCI-E 16X

3. 下列选项中，________不属于内置板卡型多媒体设备。

A. 网卡　　B. 主板检测卡

C. 显卡　　D. 显示器

4. 下列选项中，________属于多媒体设备。

A. 网卡　　B. 打印机

C. 显卡　　D. 音箱

5. PCI-E 2.0 的接口规格有________。

A. x16　　B. x1

C. x32　　D. x12

6. PCI-E 2.0 是显卡主流的图形接口，其接口规格有________。

A. x16　　B. x1

C. x32　　D. x12

7. 视频采集卡不但能把视频图像以不同的视频窗口大小显示在计算机的显示器上，而且还能提供________特殊效果。

A. 冻结　　B. 淡出

C. 旋转　　D. 镜像

8. 视频采集卡能把采集到的数字视频数据压缩存储成________格式文件。

A. AVI　　B. MPEG-1

C. IEEE-1394　　D. MPEG-2

9. 下列关于刷新率的叙述，正确的是________。

A. 刷新率是图像在屏幕上的更新速度

B. 刷新率是图像每秒钟在屏幕上出现的次数

C. 刷新率有垂直刷新率和水平刷新率两个概念

D. 刷新率由水平刷新率和屏幕分辨率所决定

10. LCD 显示器的主要技术指标有________。

A. 点距　　B. 分辨率

C. 响应时间　　D. 带宽

11. PCI-E 插槽的类型包括________。

A. PCI-E x1　　B. PCI-E x2

C. PCI-E x4　　D. PCI-E x8

12. 下列关于 PCI-E x16 插槽的叙述，正确的是________。

A. PCI-E x16 1.0 插槽可以兼容 PCI-E x16 1.0 和 PCI-E x16 2.0 接口的显卡

B. PCI-E x1 设备可以直接插入 PCI-E x16 插槽

C. 主板上 PCI-E x16 插槽只有一个

D. PCI-E 2.0 16X 的显卡不能插在 PCI-E 16X 插槽上

13. 下列选项中，________属于液晶显示器的主要性能指标。

A. 带宽　　B. 响应时间

C. 分辨率　　D. 刷新率

14. 下列关于液晶显示器的叙述，正确的是________。

A. 同样参数规格的显示器，LCD 要比 CRT 的可视面积更大一些

B. 目前主流液晶显示器的响应时间是 8 ms

C. 目前液晶显示器有两种接口，分别为 VGA 和 DVI

D. 液晶显示器的亮度越高，显示的色彩就越鲜艳

15. 常见的组网设备有________。

A. 网卡　　B. 交换机

C. 无线 AP　　D. ADSL

16. 下列关于网卡的叙述，正确的是________。

A. 网卡又称网络适配器

B. 网卡的英文简称为 NIC

C. 网卡只能接收广播帧

D. 网卡工作在 OSI 参考模型的数据链路层

17. 下列关于 ADSL 的叙述，正确的是________。

A. 通过一条电话线，同时实现电话通信、数据通信的传送

B. 用户线的上行速率与下行速率相同

C. 在一条电话线上，同时产生三个信息通道

D. 有效传输距离在 5 km 以上

18. 使用电话线将网络接入 Internet 的设备有________。

A. Modem　　B. Cable Modem

C. ISDN　　D. ADSL

19. 交换机上的端口一般包括________。

A. Console 口　　B. RJ45 口

C. FDDI 口　　D. BNC 口

20. 下列对于二层交换机的描述，正确的是________。

A. 二层交换机工作在 OSI 参考模型的数据链路层

B. 二层交换机可以识别数据包中的 MAC 地址信息

C. 二层交换机可以根据 IP 地址转发数据包

D. 二层交换机的端口可以工作在半双工或全双工状态

21. 调制解调器的作用是________。

A. 将数字信号转换成模拟信号　　B. 将模拟信号转换成数字信号

C. 将电信号转换成光信号　　D. 将光信号转换成电信号

22. 目前普通家庭可通过________设备接入 Internet，实现上网漫游。

A. 无线上网卡　　B. ADSL

C. 无线网卡　　D. 调制解调器

23. 目前综合布线中最常用的双绞线电缆类型有________。

A. 三类非屏蔽双绞线　　B. 五类非屏蔽双绞线

C. 超五类非屏蔽双绞线　　D. 六类非屏蔽双绞线

24. 双绞线的主要性能指标有________。

A. 衰减　　B. 近端串扰

C. 信噪比　　D. 直流电压

25. 在以 ADSL 构建的网络中，部分计算机无法正常接入（其他计算机可以正常接入）Internet 的原因可能是________。

A. ISP 绑定 MAC 地址

B. DHCP 服务器中不能提供足够的 IP 地址

C. ADSL 硬件故障

D. 计算机的网卡故障

26. 路由器常见的端口类型有________。

A. AUX 接口　　B. Console 口
C. 异步串口　　D. 同步串口

27. 路由器的基本功能有________。
A. 网络互联　　B. 路由选择
C. 网络流量控制　　D. 提供端到端的服务

28. 一台适合家庭共享上网使用的宽带路由器应该具备________。
A. DHCP 功能　　B. 防火墙功能
C. 网络地址转换功能　　D. 虚拟专用网功能

29. 路由器的动态 IP 地址配置方式可为主机设置________。
A. IP 地址　　B. 网关
C. 子网掩码　　D. DNS 服务器地址

30. 为连接在交换机上的每一台主机设置 IP 地址、网关、子网掩码和 DNS 服务器地址的方式有________。
A. 静态 IP 地址配置方式　　B. 自动 IP 地址配置方式
C. 动态 IP 地址配置方式　　D. 保留 IP 地址配置方式

参考答案

一、判断题

1. ×　2. √　3. √　4. √　5. √　6. ×　7. √　8. ×　9. ×
10. √　11. ×　12. ×　13. ×　14. ×　15. ×　16. √　17. ×　18. √
19. √　20. ×　21. ×　22. √　23. ×　24. √　25. √　26. √　27. ×
28. √　29. ×　30. √

二、单项选择题

1. B　2. D　3. A　4. B　5. D　6. A　7. D　8. A　9. C
10. A　11. A　12. D　13. C　14. B　15. C　16. D　17. B　18. D
19. B　20. A　21. B　22. B　23. A　24. B　25. A　26. B　27. D
28. B　29. A　30. D　31. A　32. C　33. B　34. B　35. B　36. A
37. A　38. C　39. A　40. A　41. C　42. A　43. B　44. C　45. B

三、多项选择题

1. ACD　2. AB　3. BD　4. ABCD　5. ABCD
6. AB　7. ABCD　8. ABD　9. ABCD　10. BC

11. ACD　12. AB　13. BCD　14. ABCD　15. ABCD
16. ABD　17. ACD　18. ACD　19. ABC　20. ABD
21. AB　22. ABD　23. ABCD　24. ABC　25. AB
26. ABCD　27. ABC　28. ABCD　29. ABCD　30. AC

第 2 章　计算机系统组装与检验

考 核 要 点

理论知识考核范围	考核要点	重要程度
主机设备类型及性能	1. CPU 主频	掌握
	2. CPU 接口方式	掌握
	3. CPU 缓存	掌握
	4. CPU 制造工艺	掌握
	5. 内存性能指标	掌握
	6. CL 设置	熟悉
	7. 主板类型	掌握
	8. 硬盘类型	掌握
	9. 液晶显示器的点缺陷	掌握
	10. 机箱孔径	掌握
	11. 电源峰值	掌握
	12. 显卡性能指标	掌握
	13. 声卡性能指标	掌握
多媒体系统检验	1. CPU 测试软件	掌握
	2. CPUMark	熟悉
	3. Super π	熟悉
	4. MemTest	熟悉
	5. EVEREST	掌握
	6. SiSoftware Sandra Pro	掌握
	7. PCMark 05	掌握
拷机处理	1. 拷机	掌握
	2. CPU 使用率	掌握
	3. 拷机的目的	掌握
	4. 拷机软件	掌握
	5. CPU 与内存搭配的瓶颈	掌握
	6. 内存的工作频率	掌握

续表

理论知识考核范围	考核要点	重要程度
拷机处理	7. 双通道	掌握
	8. 超线程（HT）技术	掌握
	9. 前端总线	掌握
	10. 电源问题	掌握

辅导练习题

一、判断题（下列判断正确的请在括号内打“√”，错误的请在括号内打“×”）

1. CPU 主频的高低与 CPU 的外频和倍频无关。（ ）

2. CPU 主频的高低与 CPU 的外频和倍频有关，其主频=外频×倍频。（ ）

3. CPU 的品牌主要分为 Pentium 和 Celeron 两种。（ ）

4. CPU 又称为“中央处理器”，是主机的核心。（ ）

5. 缓存中的数据是内存中的一小部分，但这一小部分是短时间内 CPU 即将访问的，当 CPU 调用大量数据时，就可以避开内存直接从缓存中调用，从而加快读取速度。（ ）

6. CPU 缓存是位于 CPU 与 Cache 之间的临时存储器。（ ）

7. 目前 CPU 的主流制造工艺为 0.09 μm。（ ）

8. 精细的工艺使得原有晶体管门电路更大限度地缩小了，能耗越来越低，CPU 也更加省电。（ ）

9. CL 是 CAS Latency 的缩写，即 CAS 延迟时间，是指内存横向地址脉冲的反应时间，是在一定频率下衡量不同规范内存的重要标志之一。（ ）

10. 从内存的功能看，可以将内存看做是内存控制器（一般位于北桥芯片中）与 CPU 之间的桥梁或仓库。（ ）

11. CAS Latency 不是内存的性能指标。（ ）

12. CL 是 CAS Latency 的缩写，即 CAS 延迟时间，是指内存纵向地址脉冲的反应时间。（ ）

13. LPX、NLX、Flex ATX 是 ATX 的变种，多见于国外的品牌机，国内尚不多见。（ ）

14. ATX 是目前市场上最常见的主板结构，扩展插槽较多，PCI 插槽数量为 4～6 个，此外还有一个显卡插槽（AGP 或 PCI-E 类型），大多数主板都采用此结构。（ ）

15. 硬盘接口是硬盘与主机系统之间的连接部件，其作用是在硬盘缓存和 CPU 之间传

输数据。（　）

16. IDE 的英文全称为“Integrated Drive Electronics”，即“电子集成驱动器”，它的本意是指“硬盘控制器”与“盘体”集成在一起的硬盘驱动器。（　）

17. 暗点是指在白屏的情况下出现单纯 R、G、B 的色点。（　）

18. 所谓坏点，是在液晶显示器制造过程中不可避免的液晶缺陷，由于目前的工艺局限性，在液晶显示器生产过程中很容易造成硬性故障，导致坏点的产生。（　）

19. 科学研究实验表明，理想的孔径尺寸为 $r/20$（r 为波长），既能满足机箱的散热需求，又能有效地防止电磁波辐射。（　）

20. 合理的散热结构是关系到计算机能否稳定工作的重要因素。（　）

21. 峰值功率是指电源在极短时间内所能达到的最大功率。（　）

22. 电源内的元件会产生高频电磁辐射，这样的辐射会对其他元件和人体产生干扰和危害，电磁干扰应越小越好。（　）

23. 2007 年推出的 PCI-E 接口已经成为主流，而 ISA、PCI 接口的显卡已经基本没有了市场。（　）

24. 对于相同芯片、相同频率和相同位宽的显卡，显存容量越大越好。（　）

25. 标准采样频率有三种：5 kHz（语音）、22.05 kHz（音乐）和 44.1 kHz（高保真），有些高档声卡能够提供 5～48 kHz 的连续采样频率。（　）

26. 采样位数是将声音从模拟信号转化为数字信号的二进制位数，即进行 A/D（模拟/数字）、D/A（数字/模拟）转换的精度。（　）

27. CPUMark 2 是一款专门用于 Windows 操作系统测试内存子系统运行情况的测试软件。（　）

28. SiSoftware Sandra 2007 是一款功能强大的系统分析评测工具，拥有超过 30 种以上的分析与测试模组，包括 CPU、Drives、CD-ROM/DVD、Memory 的 Benchmark 工具，它还能将分析结果报告列表存盘。（　）

29. CPUMark 2 是一款专门用于 Linux 操作系统测试 CPU 子系统运行情况的测试软件。（　）

30. CPUMark 可以对计算机的 CPU 子系统的效能给出 CPUMark 32 标准的评估分数。（　）

31. Super π 是一款用来计算圆周率的软件，但它更多地被用于测试 CPU 速度和系统稳定性。（　）

32. 运行 Super π 时需要大量的系统资源，且 CPU 一直处于高负荷运行状态。（　）

33. MemTest 是缓存检测工具，它不但可以彻底检测出内存的稳定度，还可同时测试

记忆区块的存储与检索能力。（　）

34. MemTest 和 EVEREST 都可以用来测试内存。（　）

35. EVEREST 具有非常准确、专业的检测能力，可以详细显示出 PC 机许多方面的信息，同时它也是一个综合性的系统检测分析工具，功能强大，易于上手。（　）

36. EVEREST 拥有数十个测试项目，主要包括 CPU、主板、内存、传感器、GPU、显示器、多媒体、逻辑驱动器、光驱、ASPI、SMART、网络、DirectX、基准测试等，支持的平台包括 Intel、AMD、VIA、nVIDIA、SiS 等。（　）

37. EVEREST 主要测试系统性能，SiSoftware Sandra Pro 主要获取系统软硬件详细信息。（　）

38. EVEREST、SiSoftware Sandra Pro 和 PCMark 05 是目前使用较多的整机测试软件，它们各有不同特点和使用方法。（　）

39. PCMark 05 操作简单、直观易懂，不需要复杂的设置，不需要烦琐的操作，测试结果一目了然，目前已成为测试 PC 系统总体性能的最佳工具。（　）

40. 美国时间 2005 年 6 月 28 日，Futuremark 正式发布了其最新版本的整机测试工具 PCMark 05，这也是著名的 PCMark 系列的第三代产品。（　）

41. 拷机时，通常要求尽量使机器的各个部件同时工作起来，主要目的是为了测试机器各部件的兼容性；拷机时还要求 CPU 的使用率达到 50%，并且机器连续工作时间长达 24 h 以上，这是为了检测机器高负荷下的稳定性。（　）

42. “拷机”是指计算机组装完成后，先使用特定的软件，使机器在高负荷下工作一段时间（24～72 h），以此来检查机器的稳定性。（　）

43. “拷机”是指计算机组装完成后，先使用特定的软件，使机器在高负荷下工作一段时间（12～24 h），以此来检查机器的稳定性。（　）

44. 显存带宽＝显存工作频率×显存位宽。（　）

45. 选购内存时，重点关注其频率、容量。通常情况下，频率高比低好，容量大比小好。（　）

46. 组建双通道内存（主板支持），不需要选用品牌、规格相同的两条内存。（　）

47. 装机时，瓶颈是值得注意的一个问题。（　）

48. PCMark 05 是 Futuremark 于 2008 年推出的一款系统性能综合测试软件，这款软件的测试功能非常完整，测试结果一目了然。（　）

49. 拷机需要运行大量的拷机软件。常用的拷机软件有：PCMark 05、3DMark 03、AquaMark 3、MemTest、Super π、Prime 95、PassMark BurnInTest Pro 等。（　）

50. 选购 CPU 时，重点注意其型号，其次关注外频、一级缓存容量、前端总线频率

(或 HT 频率)。（　）

51. 内存带宽应该大于或等于 CPU 带宽，以避免形成明显瓶颈。（　）

52. 选购内存时，重点关注其频率、容量，通常情况下，频率越高越好，容量越大越好。（　）

53. 目前的 DDR2 内存，时钟频率通常标称为 333 MHz/400 MHz/533 MHz，由于 DDR2 内存能在时钟脉冲的上升沿和下降沿传送数据（DDR 内存也有这个特性），所以 DDR2 内存的有效工作频率为 667 MHz/800 MHz/1 066 MHz。（　）

54. 相同频率条件下，两条 512 MB 内存组建双通道后的性能比单条 1 GB 容量的内存差。（　）

55. 组建双通道内存，需要选用两条品牌、规格一样的内存。（　）

56. HyperTransport 是一种存储技术。（　）

57. HyperTransport 是一种为主板上的集成电路互联而设计的端到端总线技术，它可以在内存控制器、磁盘控制器以及 PCI 总线控制器之间提供更高的数据传输带宽。（　）

58. CPU 通过前端总线（FSB）连接到南桥芯片。（　）

59. 总线是将信息以一个或多个源部件传送到一个或多个目的部件的一组传输线。（　）

60. 选定各种配件后，需要慎重考虑电源问题。比如电源的额定功率和品牌，电源的额定输出功率应大于各个配件所消耗的最大功率之和。（　）

二、单项选择题（下列每题有 4 个选项，其中只有 1 个是正确的，请将其代号填写在横线空白处）

1. CPU 主频的算法是________。

A. 外频×倍频×512　　B. 外频×倍频

C. 带宽×外频×倍频　　D. 带宽×外频×倍频×512

2. 主频（CPU Clock Speed）也称为________，表示在 CPU 内数字脉冲信号振荡的速度。

A. 时钟频率　　B. 主要频率

C. 外部频率　　D. 倍频

3. 中国第一枚高性能通用 CPU 芯片是________。

A. 至强　　B. 毒龙

C. 龙芯　　D. 龙珠

4. 最新一代的 CPU 接口方式是________。

A. 引脚式　　B. 卡式

C. 触点式　　D. 针脚式

5. CPU 缓存是位于________之间的临时存储器。

A. CPU 与硬盘　　B. CPU 与 Cache

C. CPU 与内存　　D. 硬盘与内存

6. 下列设备不属于 CPU 组成部分的是________。

A. 内存储器　　B. 运算器

C. 控制器　　D. 缓存

7. CPU 缓存（Cache Memory）是位于 CPU 与内存之间的临时存储器，其容量比内存________。

A. 大且交换速度慢　　B. 大且交换速度快

C. 小且交换速度慢　　D. 小且交换速度快

8. 目前 CPU 的主流制造工艺为________。

A. 0.18 μm　　B. 0.25 μm

C. 0.09 μm　　D. 0.065 μm

9. 1999 年年底，Intel 公司推出采用________制造工艺的 Pentium Ⅲ处理器，即 Coppermine（铜矿）处理器。

A. 0.18 μm　　B. 0.25 μm

C. 0.09 μm　　D. 0.065 μm

10. AMD's Thunderbird CPU 的制造工艺是________。

A. 0.45 μm　　B. 0.18 μm

C. 0.14 μm　　D. 0.35 μm

11. 下列选项中，不属于内存性能指标的是________。

A. 存储速度　　B. CL

C. 带宽　　D. 响应时间

12. 下列选项中，不属于内存类型的是________。

A. SDRAM　　B. DDR

C. ROM　　D. DDR2

13. 内存带宽＝________。

A. 内存时钟频率×内存总线位宽×内存倍速/8

B. 内存时钟频率×内存总线位宽×内存倍速

C. 内存总线位宽×内存倍速/8

D. 内存时钟频率×内存倍速/8

14. ________是指内存纵向地址脉冲的反应时间，也是在一定频率下衡量不同规范内存的重要标志之一。

A. 存储速度　　B. CL

C. 带宽　　D. 存储容量

15. CL 是 CAS Latency 的缩写，即 CAS 延迟时间，是指内存________地址脉冲的反应时间，也是在一定频率下衡量不同规范内存的重要标志之一。

A. 纵向　　B. 横向

C. 反向　　D. 正向

16. CL 是在一定________下衡量不同规范内存的重要标志之一。

A. 速度　　B. 频率

C. 带宽　　D. 容量

17. 主板类型是根据主板上各元件的布局排列方式、尺寸大小、形状、所用电源规格等制定出的通用标准，所有主板厂商必须遵循。国内最常见的是________主板结构。

A. AT　　B. Baby AT

C. LPX　　D. ATX

18. 下列选项中，________主板多用于服务器/工作站。

A. EATX　　B. Baby AT

C. LPX　　D. ATX

19. LPX、NLX、Flex ATX 是________的变种。

A. EATX　　B. Baby AT

C. LPX　　D. ATX

20. 常用硬盘接口有________。

A. IDE、S-ATA　　B. IDE、SCSI

C. IDE、S-ATA、SCSI　　D. SCSI

21. Serial ATA 的起点高、发展潜力大，Serial ATA 1.0 定义的数据传输率可达________。

A. 150 MB/s　　B. 300 MB/s

C. 600 MB/s　　D. 800 MB/s

22. Serial ATA 2.0 的数据传输率可达________。

A. 150 MB/s　　B. 300 MB/s

C. 600 MB/s　　D. 800 MB/s

23. 某用户购买了一台 15 英寸 CRT 显示器，但在测量屏幕的对角线时发现只有 13.8

英寸，下列说法正确的是________。

A. 用户购买的是 14 英寸显示器　　B. 属于正常现象

C. 不能确定　　D. 显示器质量不合格

24. 选购主板要考虑与其他硬件兼容，下列硬件不需考虑的是________。

A. 显卡　　B. 主板

C. 内存条　　D. 显示器

25. 如果显示器在 1 280×1 024 分辨率下达到 80 Hz 的刷新率，则显卡的 RAMDAC 的速率至少是________。

A. 80 MHz　　B. 100 MHz

C. 120 MHz　　D. 133 MHz

26. 一个做工精良的机箱，合理的通风孔径尺寸是一个非常重要的环节，理想的孔径为________（*r* 为波长）。

A. *r*/10　　B. *r*/20

C. *r*/30　　D. *r*/40

27. 一般情况下，好的机箱板材厚度至少应在________以上，并且板材应该是经过特殊处理的镀锌钢板。

A. 0.5 mm　　B. 1 mm

C. 1.5 mm　　D. 5 mm

28. 目前主流机箱采用________结构。

A. NLX　　B. ATX

C. AT　　D. MIS

29. 电源的峰值功率是电源在极短时间内所能达到的最大功率，时间能维持________。

A. 30 s　　B. 1 min

C. 0.5 h　　D. 1 h

30. 最大功率是环境温度为________左右，输入电压在 220～264 V 之间，电源可以长时间稳定输出的功率。

A. 20℃　　B. 25℃

C. 30℃　　D. 35℃

31. PC 机 ATX 型电源与主板的连接插头是________针。

A. 24　　B. 20

C. 16　　D. 12

32. 显存带宽＝________。

A. 显存工作频率×显存位宽/8　　B. 显存工作频率

C. 显存位宽　　D. 显存工作频率×显存位宽

33. AGP（Accelerated Graphics Port）插槽支持的组件是________。

A. 内存条　　B. 声卡

C. 显卡　　D. 网卡

34. ________不是显卡的总线类型。

A. ISA　　B. VISA

C. PCI　　D. AGP

35. 声卡的 15 孔插座称为________。

A. MIDI 接口　　B. AGP

C. PCI　　D. PS/2

36. 对应于 CD 音乐的音质，声卡的采样频率应设置为________。

A. 7 kHz　　B. 22.05 kHz

C. 44.1 kHz　　D. 48 kHz

37. 有源音箱的输入插头通常应接在声卡的________插口。

A. SPK　　B. Line In

C. Line Out　　D. Mic In

38. ________不属于 CPU 测试软件。

A. Super π　　B. CPUMark 2

C. EVEREST　　D. SiSoftware Sandra 2007

39. CPUMark 的测试指令为________，其指令只能在 Windows XP 平台上执行。

A. 8 位　　B. 16 位

C. 32 位　　D. 64 位

40. ________是一款专门用于 Windows 操作系统测试 CPU 子系统运行情况的测试软件。

A. CPUMark 2　　B. Processor Multi-Media

C. SiSoftware Sandra 2007　　D. Super π

41. 微型计算机的 CPU 与________构成主机。

A. 控制器　　B. 输入输出设备

C. 运算器　　D. 内存储器

42. CPUMark 就是给 CPU 打分，这个分数表示 CPU 速度的快慢，分数越高，表示 CPU 速度________。

A. 越快　　B. 越慢
C. 不稳定　　D. 稳定

43. ________不能使用 CPUMark 测试软件。
A. Windows 2003　　B. Windows 7
C. Windows XP　　D. Linux

44. Super π 是一款测试________的软件。
A. CPU　　B. 内存
C. 显卡　　D. 硬盘

45. 某兼容机原装 32 MB 内存，现扩展为 160 MB，按要求将内存条插入主板，开机自检测试内存时，有时出现故障中断，有时能够正常启动，但运行某些程序时出现死机现象。判断该故障的原因是________。
A. CPU 热稳定性不佳　　B. 所运行的软件问题
C. 新增内存条性能不稳定　　D. 主机电源性能不良

46. Ghost 是一个________软件。
A. 分区　　B. 测试
C. 硬盘拷贝　　D. 故障检测

47. MemTest 是________检测工具。
A. CPU　　B. 内存
C. 显卡　　D. 硬盘

48. 下列测试软件，________可以用于硬盘测试。
A. MemTest　　B. EVEREST
C. Super π　　D. HD Tach

49. 下列测试软件，________不能测试内存。
A. MemTest　　B. EVEREST
C. HD Tach　　D. SiSoftware Sandra 2007

50. EVEREST 测试项目包括________。
①系统测试　②CPU 测试　③内存测试　④显示器测试　⑤病毒测试
A. ②③④　　B. ②③④⑤
C. ①②③④⑤　　D. ①③④⑤

51. EVEREST 操作界面非常简单，类似于 Windows XP 的________。
A. 资源管理器　　B. 控制面板
C. IE 浏览器　　D. 我的电脑

52. EVEREST 测试支持的平台包括________。

①Intel　②AMD　③VIA　④nVIDIA　⑤SiS

A. ②③④　B. ②③④⑤

C. ①②③④⑤　D. ①③④⑤

53. SiSoftware Sandra Pro 2004 测试项目包括________。

①系统测试　②CPU 测试　③内存测试　④打印机测试　⑤病毒测试

A. ②③④　B. ②③④⑤

C. ①②③④　D. ①③④⑤

54. 下列选项中，________不是目前使用最多的整机测试软件。

A. EVEREST　B. SiSoftware Sandra Pro

C. PCMark 05　D. Futuremark

55. 同 EVEREST 相比，SiSoftware Sandra Pro 更侧重于________，它在硬件信息检测方面没有 EVEREST 细致和烦琐，但却可以得到各种硬件的性能参数。

A. 系统分析与评测　B. 系统软硬件的详细信息

C. 系统软硬件的性能　D. 系统分析

56. PCMark 05 测试项目包括________。

①系统测试　②CPU 测试　③内存测试　④显卡测试　⑤硬盘测试

A. ②③④　B. ②③④⑤

C. ①②③④⑤　D. ①③④⑤

57. PCMark 05 是________公司的产品。

A. Futuremark　B. Intel

C. VIA　D. nVIDIA

58. EVEREST 测试________。

A. 内存的稳定度　B. 记忆区块的存储能力

C. 检索资料的能力　D. 系统软硬件的详细信息

59. “拷机”是指计算机组装完成后，先使用特定的软件，使机器在高负荷下工作________，以此来检查机器的稳定性。

A. 5～10 h　B. 10～20 h

C. 24～72 h　D. 50～100 h

60. 拷机时，通常要求尽量使机器的各个部件都同时工作起来，主要是为了测试机器各部件的兼容性；拷机时还要求 CPU 的使用率达到________，并且机器连续工作时间长达 24 h 以上，主要是为了检测机器高负荷下的稳定性。

A. 1% B. 50%

C. 99% D. 100%

61. 拷机时要求 CPU 的使用率达到 100%，并且机器连续工作时间长达________以上，主要是为了检测机器高负荷下的稳定性。

A. 5 h B. 10 h

C. 24 h D. 50 h

62. 下列 AMD 的 CPU 性能最好的是________。

A. 5200+ B. 5000+

C. 4800+ D. 4200+

63. 用户玩 3D 游戏或做图像处理，需要高性能________。

A. CPU B. 显卡

C. 内存条 D. 硬盘

64. 装机时，________是值得注意的一个问题。

A. 瓶颈 B. 速度

C. 安全 D. 稳定

65. ________是整个系统中最薄弱的环节。

A. 稳定 B. 速度

C. 安全 D. 瓶颈

66. ________是将信息以一个或多个源部件传送到一个或多个目的部件的一组传输线。

A. 通道 B. 总线

C. 路线 D. 宽带

67. AquaMark 3 是由________游戏开发商 Massive Development 推出的，是一款基于跨平台引擎“Krass”的综合性显卡测试包。

A. 德国 B. 美国

C. 中国 D. 法国

68. 在拷机过程中，要求连续运行拷机软件或者执行任务________以上，运行过程不可间断。如果计算机运行过程中没有出现错误（如死机、重启等现象），则系统的稳定性和兼容性良好。

A. 6 h B. 12 h

C. 24 h D. 48 h

69. Prime 95 默认的测试时间为________，如果通过 12 h 的测试系统没有出错，说明系统稳定。

A. 6 h　　B. 12 h
C. 24 h　　D. 48 h

70. CPU 与内存搭配不当形成瓶颈问题，其原因是________。

A. CPU 频率高于内存频率　　B. CPU 频率低于内存频率
C. CPU 带宽高于内存带宽　　D. CPU 带宽低于内存带宽

71. 瓶颈是整个系统中最薄弱的环节，也就是说计算机的配置中有一个________性能限制了整台计算机性能的时候就会出现瓶颈效应。

A. 硬件　　B. 软件
C. 硬件和软件　　D. 以上都不是

72. 带宽就是传输速率，指每秒钟传输的最大________数。

A. 兆字节　　B. 千字节
C. 字节　　D. 比特

73. DDR2 533 内存的实际时钟频率为________。

A. 266 MHz　　B. 533 MHz
C. 133 MHz　　D. 1 066 MHz

74. DDR2 333 内存的实际时钟频率为________。

A. 166 MHz　　B. 333 MHz
C. 666 MHz　　D. 1 333 MHz

75. DDR2 533 内存的有效时钟频率为________。

A. 266 MHz　　B. 533 MHz
C. 133 MHz　　D. 1 066 MHz

76. 用两条 512 MB 内存组成双通道，与 1 GB 的内存相比，________。

A. 双通道内存性能较好　　B. 单条内存性能较好
C. 性能都一样　　D. 其性能根据具体情况而定

77. PC 机中使用双通道 RDRAM，每个通道的数据位宽为 16 位，它在一个存储器总线周期内实现两次数据传送。当存储器总线时钟频率为 400 MHz 时，这种双通道 RDRAM 的带宽是________。

A. 400 MB/s　　B. 800 MB/s
C. 1.6 GB/s　　D. 3.2 GB/s

78. 双通道 DDR 有两个 64 bit 内存控制器，双 64 bit 内存体系所提供的带宽相当于一个________内存体系所提供的带宽。

A. 小于 128 bit　　B. 128 bit

C. 大于 128 bit　　D. 根据具体情况而定

79. HyperTransport 是一种________。

A. 接口技术　　B. 存储技术

C. 运算技术　　D. 总线技术

80. HyperTransport（简写为 HT）最初是________在 1999 年提出的一种总线技术。

A. AMD　　B. Intel

C. SiS　　D. nVIDIA

81. HyperTransport（简写为 HT）最初是 AMD 在________年提出的一种总线技术，随着 AMD 64 位平台的发布和推广，HyperTransport 的应用越来越广泛，也越来越被人们所熟知。

A. 1998　　B. 1999

C. 2000　　D. 2001

82. ________是将 CPU 连接到北桥芯片的总线。

A. 终端总线　　B. 前端总线

C. PCI 总线　　D. 北桥总线

83. ________是负责联系内存、显卡等数据吞吐量最大的部件，并和南桥芯片连接。

A. 终端总线　　B. 前端总线

C. 北桥芯片　　D. 北桥总线

84. ________是一种为主板上的集成电路互联而设计的端到端总线技术，它可以在内存控制器、磁盘控制器以及 PCI 总线控制器之间提供更高的数据传输带宽。

A. HyperTransport　　B. FSB

C. PCI 总线　　D. 北桥总线

85. 选定各种配件后，需要慎重考虑________问题。

A. 电源　　B. 机箱

C. 电脑桌　　D. 电源插座

86. 选定各种配件后，需要慎重考虑电源问题，重点考查电源的额定功率和品牌。电源的额定输出功率应________各个配件所消耗的最大功率之和。

A. 小于　　B. 大于

C. 等于　　D. 无关

87. 如果使 ATX 电源进入待机状态，可利用 TL494 芯片第 4 脚的“死驱控制”功能，使该脚电压为________，TL494 第 9、11 脚无输出脉冲，两个开关管都截止，无电压输出。

A. ＋3 V　　B. －3 V

C. +5 V　　D. −5 V

三、多项选择题（下列每题有 4 个选项，其中有 2 个或 2 个以上是正确的，请将其代号填写在横线空白处）

1. CPU 常见的性能指标有________。

A. 主频、外频和倍频　　B. 制造工艺

C. 核心数量　　D. 前端总线速度

2. CPU 主频的高低与 CPU 的________有关。

A. 倍频　　B. 带宽

C. 电压　　D. 外频

3. CPU 的接口方式有________。

A. 引脚式　　B. 卡式

C. 触点式　　D. 针脚式

4. CPU 的品牌主要有________。

A. Intel　　B. Pentium

C. Celeron　　D. AMD

5. AMD's Thunderbird CPU 的制造工艺是________。

A. 0.25 μm　　B. 0.18 μm

C. 0.14 μm　　D. 0.35 μm

6. CPU 性能大致可反映出其所配置的微机性能，因此 CPU 的性能指标十分重要。下列选项中，________是 CPU 的主要性能指标。

A. 主频　　B. 制造工艺

C. 单位面积电子管数　　D. 内存总线速度

7. 内存的类型有________。

A. SDRAM　　B. DDR

C. ROM　　D. DDR2

8. 内存的性能指标有________。

A. 存储速度　　B. CL

C. 带宽　　D. 响应时间

9. 选定各种配件后，需要慎重考虑电源问题，重点考查电源的________。

A. 额定功率　　B. 供电压

C. 品牌　　D. 供电流

10. CL 是________。

A. CAS Latency 的缩写

B. CAS 延迟时间

C. 指内存纵向地址脉冲的反应时间

D. 在一定频率下衡量不同规范内存的重要标志之一

11. 下列选项中，属于主板类型的是________。

A. AT　　B. Baby AT

C. LPX　　D. ATX

12. 主板是计算机中各种设备的连接载体，主板上包含的元器件有________。

A. I/O 控制芯片　　B. 扩展插槽

C. 扩展接口　　D. 电源插座

13. Serial ATA 接口的优点是________。

A. 传输速率高　　B. 可靠性强

C. 结构简单　　D. 支持热插拔

14. 硬盘接口分为________。

A. IDE　　B. SCSI

C. S-ATA　　D. 光纤

15. 液晶显示器的点缺陷包括________。

A. 凹点　　B. 亮点

C. 暗点　　D. 坏点

16. 测试液晶显示器的点缺陷，一般可以切换至________三色显示模式来查找液晶显示器的点缺陷。

A. 红　　B. 绿

C. 蓝　　D. 黄

17. 一般机箱采用的金属材料有________。

A. 镀锌钢板　　B. 锡

C. 铝合金　　D. 铁

18. 一款做工精良的机箱，________。

A. 要保证用户的使用安全

B. 箱体内部不能存在任何尖锐的棱角

C. 所有边角采用折边工艺并进行钝化边角处理

D. 各种塑料制品也要做到表面光滑，没有毛刺

19. 电源的性能指标主要有________。

A. 效率　　B. 过载或过流保护

C. 过压保护　　D. 电磁干扰

20. 额定功率是________，电源可以长时间稳定输出的功率。

A. 环境温度在－5～50℃之间　　B. 环境温度在－10～70℃之间

C. 输入电压在 220～284 V 之间　　D. 输入电压在 180～264 V 之间

21. 显卡的性能指标有________。

A. 显存速度　　B. 显存位宽

C. 显存带宽　　D. 核心频率

22. 显卡的性能指标有________。

A. 显存容量　　B. 制造工艺

C. 渲染管道　　D. 显存速度

23. 标准的采样频率有________。

A. 5 kHz　　B. 44.1 kHz（高保真）

C. 22.05 kHz（音乐）　　D. 11.025 kHz（语音）

24. 声卡的性能指标有________。

A. 复音数量　　B. 采样位数

C. 采样频率　　D. 三维效果

25. SiSoftware Sandra 2007 能够分析与测试________。

A. CPU　　B. Drives

C. CD-ROM/DVD　　D. Memory

26. 下列选项中，属于 CPU 测试软件的是________。

A. Super π　　B. CPUMark 2

C. MemTest　　D. SiSoftware Sandra 2007

27. CPUMark 的版本有________。

A. CPUMark 2.1　　B. CPUMark 99 1.0

C. CPUMark 2.0　　D. CPUMark 2.2

28. CPUMark 的测试指令为 32 位，其指令只能在________平台上执行。

A. Windows 2003　　B. Windows 7

C. Windows 2008　　D. Windows XP

29. Super π 可以用来________。

A. 计算圆周率　　B. 测试 CPU 速度

C. 测试系统稳定性　　D. 测试内存条性能

30. MemTest是内存检测工具，可以________。

A. 彻底检测出内存的稳定度　　B. 测试记忆区块的存储能力

C. 测试检索资料的能力　　D. 测试系统的稳定性

31. 内存测试软件有________。

A. MemTest　　B. EVEREST

C. Super π　　D. CPUMark 2

32. EVEREST可以测试________。

A. GPU　　B. 显示器

C. 多媒体设备　　D. 逻辑驱动器

33. HyperTransport是一种为主板上的集成电路互联而设计的端到端总线技术，它可以在________之间提供更高的数据传输带宽。

A. 内存控制器　　B. 磁盘控制器

C. PCI总线控制器　　D. 北桥总线

34. ATX电源最主要的特点是________。

A. 不采用传统的市电开关来控制电源是否工作

B. 只要控制“PS-ON”信号电平的变化，就能控制电源的开启和关闭

C. “PS-ON”小于1 V时开启电源，大于4.5 V时关闭电源

D. 采用“+5 V SB、PS-ON”的组合来实现电源的开启和关闭

35. ________是目前使用最多的整机测试软件，它们各有不同特点和使用方法。

A. EVEREST　　B. SiSoftware Sandra Pro

C. PCMark 05　　D. Futuremark

36. SiSoftware Sandra Pro 2004测试项目包括________。

A. 系统测试　　B. CPU测试

C. 内存测试　　D. 打印机测试

37. PCMark 05测试项目包括________。

A. 系统测试　　B. CPU测试

C. 内存测试　　D. 显卡测试

38. 选购显卡时，重点考虑________。

A. 显卡型号　　B. 显存频率

C. 显存位宽　　D. 显存容量

39. 目前民用级硬盘的规格大致分为80 GB、160 GB、250 GB、320 GB等，转速通常是7 200 r/min，接口通常为SATA2，缓存一般为________。

A. 8 MB　　B. 16 MB

C. 1 GB　　D. 2 GB

40. 拷机主要是为了测试计算机的________。

A. 兼容性　　B. 运算速度

C. 稳定性　　D. 发热量

41. 组建双通道内存，两条内存一定要选择________。

A. 同一品牌　　B. 最大内存

C. 最高稳定性　　D. 同一规格

42. 用于拷机的软件有________。

A. PCMark 05　　B. 3DMark 03

C. 高清视频播放　　D. 3D 游戏

43. 常用的拷机软件有________。

A. PassMark BurnInTest Pro　　B. Prime 95

C. Super π　　D. MemTest

44. 选购内存时，重点关注其________。

A. 频率　　B. 容量

C. 品牌　　D. 型号

45. 选购显卡时，重点考虑________。

A. 显卡型号　　B. 显存频率

C. 显存位宽　　D. CPU 性能

46. 选购内存时，重点关注其频率、容量。通常情况下，________。

A. 频率高比低好　　B. 频率低比高好

C. 容量小比大好　　D. 容量大比小好

47. 内存双通道，________。

A. 一般要求按主板上内存插槽的颜色成对使用

B. 有些主板需要在 BIOS 中进行设置

C. 一般主板说明书会给出说明

D. 以上都不对

48. 支持双通道 DDR 内存技术的台式机芯片组，英特尔平台方面有英特尔________以及之后的 915、925 系列。

A. 865P　　B. 865G

C. 865PE　　D. 875P

49. 北桥芯片负责与________连接。

A. 显卡　　B. 南桥芯片

C. CPU　　D. 内存

50. CPU 通过前端总线（FSB）与北桥芯片连接，再通过北桥芯片和________交换数据。

A. 内存　　B. 硬盘

C. 显卡　　D. 声卡

参考答案

一、判断题

1. × 2. √ 3. × 4. √ 5. √ 6. × 7. × 8. √ 9. ×
10. √ 11. × 12. √ 13. × 14. √ 15. × 16. √ 17. × 18. √
19. × 20. √ 21. √ 22. √ 23. × 24. √ 25. × 26. √ 27. ×
28. √ 29. × 30. √ 31. √ 32. √ 33. × 34. √ 35. √ 36. √
37. × 38. √ 39. √ 40. √ 41. × 42. √ 43. × 44. × 45. √
46. × 47. √ 48. × 49. √ 50. × 51. √ 52. √ 53. √ 54. ×
55. √ 56. × 57. √ 58. × 59. √ 60. √

二、单项选择题

1. B 2. A 3. C 4. C 5. C 6. A 7. D 8. D 9. A
10. A 11. D 12. C 13. A 14. B 15. A 16. B 17. D 18. A
19. D 20. C 21. A 22. B 23. B 24. D 25. B 26. C 27. B
28. B 29. A 30. B 31. B 32. A 33. C 34. B 35. A 36. C
37. C 38. C 39. C 40. A 41. D 42. A 43. D 44. A 45. C
46. C 47. B 48. D 49. C 50. C 51. A 52. C 53. C 54. D
55. A 56. C 57. A 58. D 59. C 60. D 61. C 62. A 63. B
64. A 65. D 66. B 67. A 68. C 69. B 70. C 71. A 72. C
73. B 74. B 75. D 76. A 77. C 78. B 79. D 80. A 81. B
82. B 83. C 84. A 85. A 86. B 87. C

三、多项选择题

1. ABCD 2. ACD 3. ABCD 4. AD 5. AB
6. ABD 7. ABD 8. ABC 9. AC 10. ABCD

11. ABCD	12. ABCD	13. ABCD	14. ABC	15. BCD
16. ABC	17. AC	18. ABCD	19. ABCD	20. AD
21. ABCD	22. ABCD	23. BCD	24. ABCD	25. ABCD
26. ABD	27. ABCD	28. ABCD	29. ABC	30. ABC
31. AB	32. ABCD	33. ABC	34. ABCD	35. ABC
36. ABCD	37. ABCD	38. ABCD	39. AB	40. AC
41. AD	42. ABCD	43. ABCD	44. AB	45. ABC
46. AD	47. ABC	48. ABCD	49. ABCD	50. AC

第3章　计算机系统日常维护

考 核 要 点

理论知识考核范围	考核要点	重要程度
计算机系统启动工作原理	1. CPU 重置	掌握
	2. BIOS 首要工作	掌握
	3. BIOS 硬件检测	掌握
Windows 注册表工作原理	1. 注册表 HKEY_USERS 作用	熟悉
	2. 打开注册表	掌握
	3. 注册表备份	掌握
计算机日常维护种类	1. 硬盘工作状态	掌握
	2. 清洁计算机	掌握
	3. 清洁插槽内金属接脚	掌握
	4. 删除临时文件	熟悉
	5. 虚拟内存设置	掌握
计算机日常维护规范	1. 系统维修	掌握
	2. 磁盘清理	掌握
主板 BIOS 升级操作	1. BIOS 名称	掌握
	2. BIOS 作用	掌握
	3. 查看 BIOS 是否支持刷新	熟悉
	4. 备份 BIOS	掌握
显卡 BIOS 升级操作	1. 升级显卡 BIOS 的好处	熟悉
	2. 升级准备	掌握
硬盘数据备份种类	1. 数据备份类型	掌握
	2. 增量备份	掌握
	3. 数据备份策略	掌握
	4. Ghost 数据备份工具	掌握
	5. 引导扇区	掌握
	6. 分区表	掌握

续表

理论知识考核范围	考核要点	重要程度
硬盘数据存储原理	1. 引导程序	掌握
	2. 删除文件操作	掌握
	3. 恢复文件	掌握
	4. C 盘文件被误删	掌握
	5. 误格式化磁盘	掌握

辅导练习题

一、判断题（下列判断正确的请在括号内打“√”，错误的请在括号内打“×”）

1. 在芯片组检测到电源已经开始稳定供电后，它便撤去 Reset 信号，CPU 马上就从地址 00000H 处开始执行指令，该地址实际上属于系统 BIOS 的地址范围。（　　）

2. 按下电源开关时，电源便开始向主板和其他设备供电，此时电压还不太稳定，主板上的控制芯片组会向 CPU 发出并保持一个 Reset 信号，让 CPU 内部自动恢复到初始状态，但 CPU 在此刻不会马上执行指令。（　　）

3. 在刷新显卡 BIOS 时，需确定显卡型号，如果刷入了不正确的 BIOS 文件，轻则会使显卡工作不正常，重则导致显卡报废。（　　）

4. BIOS 芯片是一块可读写的 RAM 芯片，由主板上的电池供电，关机后其中的信息也不会丢失。（　　）

5. 在 Windows 系统中，注册表由两个文件组成，即 System. exe 和 User. exe。（　　）

6. 主键中可以包含多级次级主键，注册表就是按照“根键”—“键”—“子键”—“键值”这种结构组成的。（　　）

7. Windows 系统每次正常启动时都会对注册表进行备份，System. dat 备份为 System. da0，User. dat 备份为 User. da0。（　　）

8. 如果硬盘指示灯闪烁不止，说明硬盘的读、写操作还没有完成，此时不要强行关闭电源。只有在硬盘指示灯停止闪烁，硬盘完成读、写操作后方可重启或关机。（　　）

9. 计算机使用一段时间后，机身内、外部积淀灰尘等污物，这些因素不会危害计算机。（　　）

10. 如果插槽内金属接脚有油污，可用脱脂棉球蘸水去除。（　　）

11. 进行软件安装、卸载或者上网浏览网页时，都会在系统中留下大量垃圾文件。（　　）

12. 虚拟内存技术是指利用一部分磁盘空间来充当内存使用。当内存占用完时，计算机就会自动调用硬盘来充当内存，以缓解内存的不足。 （ ）

13. 清除“运行”列表中的程序名时，运行“Regedit”命令，打开注册表编辑器，然后找到“HKEY_LOCAL_MACHINE/Software/Microsoft/Windows/CurrentVersion/Explorer/RunMRU”。 （ ）

14. 整理完硬盘碎片后，可以通过“磁盘碎片整理”程序对硬盘中的一些多余文件进行清理，节省一部分硬盘空间。 （ ）

15. BIOS 的全称是 RAM-BIOS，意思是随机存储器基本输入输出系统。 （ ）

16. 除了厂商的新版 BIOS 外，用户也能对 BIOS 部分参数进行修改，从而获得某些新功能。 （ ）

17. BIOS 芯片是一块可读写的 RAM 芯片，由主板上的电池供电，关机后其中的信息会立刻丢失。 （ ）

18. 备份 BIOS 的工作可以在 Windows 系统中完成，即通过 nVIDIA BIOS Editor 软件进行备份。 （ ）

19. 在 DOS 系统中，显卡是不需要任何驱动程序的，但 Windows 系统的启动依赖于显卡 BIOS 的支持。 （ ）

20. 刷新显卡 BIOS 时如果断电，可在通电后继续恢复 BIOS 的刷新。 （ ）

21. 完全备份（Full Backup）是每天对用户的整个系统进行备份。 （ ）

22. 增量备份的可靠性很好。 （ ）

23. Ghost 8.0 可以在 Windows 98、Windows 2000 和 Windows XP 系统中运行。 （ ）

24. 使用 Ghost 进行系统备份，分为整个硬盘和分区硬盘两种方式。 （ ）

25. 主引导扇区位于整个硬盘的 0 磁道 0 柱面 1 扇区，包括硬盘主引导记录 MBR 和分区表 DPT。 （ ）

26. 无论系统中建立多少个逻辑磁盘，在主引导扇区中通过一个扩展分区的参数就可以逐个找到每一个逻辑磁盘。 （ ）

27. 在 Windows 98 系统中，如果没有 MSDOS. SYS 文件，系统能够正常启动，但是无法进入桌面；如果没有 COMMAND. COM 文件，能够正常启动到桌面，但是无法进入 DOS 字符方式。 （ ）

28. 当删除一个文件时，一般并不是对实际文件所占用的扇区进行操作，而是在该表格中指明哪些空间是空白的，可以分配给其他文件使用。 （ ）

29. 所有被删除的文件都能恢复。 （ ）

30. 被误删除的文件如果在有物理损坏的硬盘（软盘）中时，不能进行恢复。（　）

31. 误格式化的硬盘可以使用 Unformat 或 EasyRecover 等工具进行恢复。（　）

32. 数据库异地备份就是在与主数据库所在服务器相分离的备份机上建立主数据库的一个拷贝。（　）

二、单项选择题（下列每题有 4 个选项，其中只有 1 个是正确的，请将其代号填写在横线空白处）

1. 在芯片组检测到电源已经开始稳定供电后（从不稳定到稳定的过程只是一瞬间的事情），它便撤去________信号。

A. Power On　　B. Power

C. On　　D. Reset

2. 在芯片组检测到电源已经开始稳定供电后，它便撤去 Reset 信号，CPU 马上就从地址________处开始执行指令，该地址实际上属于系统 BIOS 的地址范围。

A. 00000H　　B. FF000H

C. FFFF0H　　D. 00FF0H

3. 通过启动盘进入纯 DOS 环境，在命令提示符后输入“________”，可以测试显卡 BIOS 所使用的 ROM 类型。

A. nvflash -f　　B. nvflash -b

C. nvflash -c　　D. nvflash -a

4. ________是系统 BIOS 用来与操作系统交换硬件配置信息的一种手段，这些数据被存放在 CMOS（一小块特殊的 RAM，由主板上的电池供电）中。

A. ESCD　　B. SECD

C. ESDC　　D. ECDS

5. 注册表根键 HKEY_USERS 包含________。

A. 计算机当前的配置情况　　B. 当前用户的所有权限

C. 所有的用户信息　　D. 本地计算机软硬件的信息

6. 如果运行注册表，选择“开始”→“运行”，打开“运行”窗口，输入“________”，就可打开注册表文件。

A. gpedig. msc　　B. redit. msc

C. regedit　　D. msconfig

7. 在 Windows XP 系统中，注册表由 system、default、sam、security、software 等几个文件组成，保存在________所在的文件夹中。

A. Windows\system32　　B. system

C. Windows　　D. Windows\system32\config

8. 硬盘指示灯闪烁不止，表示________。

A. 正在读文件　　B. 正在写文件

C. 正在读文件或写文件　　D. 正在关机

9. 如果插槽内金属接脚有油污，可用________蘸计算机专用清洁剂或无水乙醇清除。

A. 脱脂棉球　　B. 纸

C. 布　　D. 手

10. 清洁内存条和适配卡，可先用刷子轻轻清扫内存条和适配卡表面的积尘，然后用吹气皮囊吹干净；再用________擦拭各种插卡的金手指正面与反面，清除上面的灰尘、油污或氧化层。

A. 橡皮擦　　B. 布

C. 纸巾　　D. 手

11. 整理完硬盘碎片后，可以通过“________”程序对硬盘中的一些垃圾文件进行清理，节省一部分硬盘空间。

A. 磁盘清理　　B. 磁盘碎片整理

C. 系统还原　　D. 备份

12. Windows 9x 的虚拟内存分页位置，就是保存在 C 盘根目录下的一个虚拟内存文件________。

A. system. ini　　B. Rundll32. exe

C. Win386. swp　　D. Config. sys

13. 清除“运行”列表中的程序名时，运行“Regedit”命令，打开注册表编辑器，然后找到“________/Software/Microsoft/Windows/CurrentVersion/Explorer/RunMRU”。

A. HKEY_CURRENT_USER

B. HKEY_USERS

C. HKEY_CURRENT_CONFIG

D. HKEY_LOCAL_MACHINE

14. 右键单击桌面，选择“属性”→“外观”，将“窗口和按钮”设置为“________”，可以加快菜单运行速度。

A. 暗灰色　　B. 白色高度对比

C. Windows 标准　　D. Windows 经典样式

15. Award BIOS 设置程序提供两类口令保护计算机的安全，一类是________口令，另一类是普通用户口令。

A. 一般用户　　B. 超级用户
C. 基本用户　　D. 所有用户

16. 口令设置（Password Check）成________，则进入 BIOS 设置程序时要求输入口令。
A. Always　　B. Setup
C. Boot　　D. System

17. 开机后按“________”键，可以进入 BIOS 主界面。
A. Delete　　B. Home
C. End　　D. Insert

18. 有些主板上会集成两块 BIOS 芯片，其中一块起着________作用，这就是所谓的双 BIOS 技术。
A. 备份　　B. 修改
C. 独立　　D. 清理

19. 对数据文件进行备份的目的是________。
A. 所有数据都要做备份　　B. 及时替换早期文件
C. 数据备份要准确无误　　D. 要做到能够迅速恢复

20. 远程镜像磁盘数据更新方式为________。
A. 同步　　B. 异步
C. 实时　　D. 同步或异步

21. 仅对最近新生成或修改过的文件进行备份的方式是________。
A. 完全备份　　B. 增量备份
C. 差异备份　　D. 磁带备份

22. Ghost 11 可以在________中直接运行。
A. Linux　　B. Windows 7
C. Windows 2003　　D. Windows XP

23. 下列关于 Ghost 的说法，不正确的是________。
A. 可以利用 Ghost 备份一个分区中的信息
B. 可以利用 Ghost 恢复一个分区中的信息
C. 可以利用 Ghost 对硬盘进行格式化操作
D. 一般来说，不同版本的 Ghost 软件克隆出来的文件不可以通用

24. 操作系统引导扇区（OBR）通常位于硬盘的________，是操作系统可以直接访问的第一个扇区。
A. 0 磁道 0 柱面 0 扇区　　B. 1 磁道 1 柱面 1 扇区

C. 0 磁道 1 柱面 1 扇区　　D. 1 磁道 0 柱面 0 扇区

25. 在主引导分区中，从地址 BE 到 FD 的 64 个字节内容就是通常所说的分区表。分区表通常以________为开始标志，以 55AAH 为结束标志。

A. 80H 或 00H　　B. 40H 或 80H

C. 40H 或 10H　　D. 10H 或 80H

26. 主引导扇区（MBR）位于整个硬盘的________。

A. 0 磁道 1 柱面 1 扇区　　B. 0 磁道 0 柱面 1 扇区

C. 1 磁道 1 柱面 1 扇区　　D. 0 磁道 0 柱面 0 扇区

27. FAT32 采用 4 个字节表示簇的位置，分区最大容量为________。

A. 45 GB　　B. 65 GB

C. 85 GB　　D. 99 GB

28. 当删除一个文件时，________所占用的扇区进行操作。

A. 对实际文件　　B. 不对实际文件

C. 对分区表　　D. 不对分区表

29. 回收站里存放的被删除文件________。

A. 全部不能恢复　　B. 全部能够恢复

C. 有些能够恢复　　D. 以上都不对

30. C 盘文件不小心被误删除，如果想要恢复，首先应当________。

A. 拔下计算机电源　　B. 重启计算机

C. 关闭计算机　　D. 注销计算机

31. 某用户不小心将软盘用命令“Format”进行了格式化，并且在后面加了参数“/Q”，如果恢复里面的数据，________。

A. 可以使用 Unformat 或 EasyRecover 工具

B. 可以使用 Fdisk 命令

C. 不能使用 Unformat 工具

D. 没有可用的工具

32. DOS 下的格式化命令是________。

A. Format　　B. Diskscan

C. Fdisk　　D. RD

三、多项选择题（下列每题有 4 个选项，其中有 2 个或 2 个以上是正确的，请将其代号填写在横线空白处）

1. 不能直接与 CPU 交换信息的功能单元是________。

A. 硬盘　　B. 控制器
C. 主存储器　　D. U盘

2. 升级显卡BIOS前要做的事情有________。

A. 确定显卡型号
B. 下载新的显卡BIOS程序
C. 做一个DOS启动盘
D. BIOS升级过程中如果停电可以再加电继续升级

3. 标准设备检测完毕后，系统BIOS支持即插即用的代码将开始检测和配置系统中安装的即插即用设备，每找到一个设备后，系统BIOS都会在屏幕上显示出该设备的名称和型号等信息，同时为该设备分配________资源。

A. 中断　　B. DMA通道
C. I/O端口　　D. 空间

4. 在Windows系统中，注册表由________组成。

A. System. dat　　B. User. dll
C. System. dll　　D. User. dat

5. 当注册表损坏时，可以使用________恢复。

A. System. da0　　B. System. dat
C. User. dat　　D. User. da0

6. 注册表损坏后，可以________。

A. 使用注册表编辑器恢复注册表
B. 在DOS下恢复注册表
C. 使用资源管理器恢复注册表
D. 使用注册表检查器恢复注册表

7. 现在的硬盘转速很高，通常为________，在硬盘进行读、写操作时，硬盘处于高速旋转状态，如果突然断电，可能会造成磁头与盘片之间猛烈摩擦而损坏硬盘。

A. 5 400 rpm　　B. 6 000 rpm
C. 6 600 rpm　　D. 7 200 rpm

8. 灰尘对计算机的危害主要有________。

A. 影响风扇的转速　　B. 影响机箱整体散热效果
C. 腐蚀计算机各配件的电路板　　D. 导致键盘按键失灵

9. 清洁内存条和适配卡时，可以用橡皮擦擦拭插卡的金手指正面与反面，清除上面的________。

A. 灰尘　　B. 油污

C. 氧化层　　D. 铜片

10. 当系统运行时，先要将所需的指令和数据从________调入内存，CPU 再从内存中读取指令或数据进行运算，并将运算结果存入内存，内存所起的作用相当于一个“二传手”。

A. 硬盘　　B. 软盘

C. 光盘　　D. Cache

11. 系统维护包括________。

A. 清空回收站

B. 删除临时文件

C. 清除运行列表中不必要的启动项

D. 删除不使用的程序

12. 常见的 BIOS 芯片有________，在芯片上都能见到厂商的标记。

A. AWARD　　B. Phoenix

C. AMI　　D. Intel

13. 计算机断电后，下列说法正确的是________。

A. 机内的时钟仍然在工作　　B. RAM 中的信息立即消失

C. BIOS 中的信息立即消失　　D. 硬盘中的信息立即消失

14. nvflash 与各种命令参数配合使用时可以实现不同的功能，以下对命令参数解释正确的是________。

A. -f〈filename〉 将名为“filename”的 BIOS 文件写入显卡的 ROM 芯片中，然后进行校验

B. -b〈filename〉 从显卡的 ROM 芯片中读取 BIOS，并以“filename”为名进行保存

C. -k〈filename〉 从显卡的 ROM 芯片中读取 BIOS，并与名为“filename”的 BIOS 文件比较

D. -c 检测显卡的 ROM 芯片是否支持刷新

15. 数据备份的基本策略是________。

A. 增量备份　　B. 日期备份

C. 完全备份　　D. 差异备份

16. Ghost 备份软件所支持的文件系统有________。

A. FAT　　B. FAT32

C. NTFS D. EXT

17. 引导程序的主要任务是在当前根目录中寻找系统文件________。

A. IO. SYS B. MSDOS. SYS

C. BOOT. INI D. WINBOOT. SYS

18. 在主引导分区中，从地址 BE 到 FD 的 64 个字节内容就是通常所说的分区表。分区表通常以________为开始标志，以 55AAH 为结束标志。

A. 00H B. 40H

C. 10H D. 80H

19. BPB（BIOS 参数块）记录着本分区的________。

A. FAT 个数 B. 根目录大小

C. 文件存储格式 D. 分配单元大小

20. 对于误删除的文件，可以使用________软件进行恢复。

A. FinalData B. Recovery

C. EasyRecovery D. 超级兔子

21. FORMAT 参数正确的是________。

A. /C 格式化硬盘的同时检查硬盘扇区

B. /S 格式化硬盘结束后传送系统文件

C. /Q 快速格式化硬盘，只重建 FAT 表和目录区

D. /U 无条件地格式化硬盘，对每一扇区重写“F6H”

参考答案

一、判断题

1. × 2. √ 3. √ 4. × 5. × 6. √ 7. √ 8. √ 9. ×
10. × 11. √ 12. √ 13. × 14. × 15. × 16. √ 17. × 18. √
19. √ 20. × 21. √ 22. × 23. × 24. √ 25. √ 26. √ 27. √
28. √ 29. × 30. √ 31. √ 32. √

二、单项选择题

1. D 2. C 3. C 4. A 5. C 6. C 7. D 8. C 9. A
10. A 11. A 12. C 13. A 14. D 15. B 16. B 17. A 18. A
19. D 20. D 21. B 22. D 23. C 24. C 25. A 26. B 27. B
28. B 29. B 30. A 31. A 32. A

三、多项选择题

1. ABD	2. ABC	3. ABC	4. AD	5. AD
6. ABD	7. AD	8. ABCD	9. ABC	10. ABC
11. ABCD	12. ABC	13. AB	14. ABCD	15. ACD
16. ABC	17. ABD	18. AD	19. ABCD	20. ABC
21. ABCD				

第4章　计算机系统故障分析与处理

考核要点

理论知识考核范围	考核要点	重要程度
设计计算机故障检测分析与判断流程	1. 计算机维修基本原则	掌握
	2. 最小系统法	掌握
	3. 隔离法	掌握
	4. 替换法	掌握
	5. 清洁工具	掌握
	6. 系统启动文件	掌握
	7. 主引导记录	掌握
	8. 登录	掌握
	9. 系统文件完整性	掌握
	10. 电源管理	掌握
	11. 主机电源的测试	掌握
	12. 启动故障	掌握
	13. 系统不能正常启动	掌握
	14. BOOTLOG. TXT	了解
	15. 硬盘容量	掌握
	16. 安装硬盘保护卡	掌握
	17. 显示器	掌握
	18. 设备兼容性	掌握
	19. 设备干扰	掌握
	20. 读盘模式	掌握
	21. 增加内存	掌握
	22. 品牌机验机	掌握
	23. 组装机验收	掌握
	24. 注册表删除启动项	掌握
	25. 防火墙	掌握

续表

理论知识考核范围	考核要点	重要程度
软件故障排除	1. 计算机软件故障	掌握
	2. 软件不兼容	掌握
	3. 误操作软件故障产生原因	掌握
	4. 误操作软件故障排除方法	掌握
	5. 环境变量	掌握
	6. 设置环境变量	掌握
	7. 文档类型与程序关联故障	掌握
	8. EXE 文件关联故障	掌握
	9. 系统性能配置	掌握
	10. 系统服务类型	掌握
	11. 组策略配置故障	掌握
	12. msconfig 配置故障	掌握
	13. 注册表损坏现象	掌握
	14. 手工恢复注册表	掌握
	15. 注册表的访问权限	掌握
	16. 注册表解锁	掌握
	17. boot. ini 设置故障	掌握
	18. 病毒引起的故障	掌握
	19. CAB 文件	掌握
	20. 黑客入侵引起的故障	熟悉
	21. 恶意程序代码引起的故障	掌握
	22. IE 修复	掌握
	23. 系统漏洞	掌握
	24. 端口概念	掌握
	25. Web 服务器 80 端口冲突	掌握
硬件资源冲突故障排除	1. 资源类型	掌握
	2. 硬件资源冲突的典型表现	掌握
	3. 硬件资源冲突的产生原因	掌握
	4. IRQ 中断	掌握
	5. DMA 通道	掌握
	6. 输入/输出（I/O）端口地址	掌握
	7. 硬件资源冲突的检查方法	掌握
	8. 排除设备资源冲突	掌握
	9. 即插即用功能	掌握
	10. 设备管理器	掌握

辅导练习题

一、判断题（下列判断正确的请在括号内打“√”，错误的请在括号内打“×”）

1. 如果怀疑计算机某部件接触不良，可采用敲打法消除此故障。（　　）

2. 计算机的硬件最小系统是指由 CPU、显卡、主板、网卡组成的计算机环境。（　　）

3. 最小系统法可以解决一切计算机问题。（　　）

4. 最小系统法是指从维修判断的角度能使计算机开机或运行的最基本的硬件和软件环境。（　　）

5. 隔离法可以解决所有问题。（　　）

6. 如果存在硬件资源冲突，可以采用隔离法进行处理。（　　）

7. 替换法可以解决一切计算机故障。（　　）

8. 替换法是用好的部件代替可能有故障的部件。（　　）

9. 清洁计算机所用毛刷采用天然材料的主要原因是天然材料柔软。（　　）

10. 酒精不可用来擦拭机箱、显示器等塑料外壳。（　　）

11. 组策略编辑器的运行命令是 gpedit. msc。（　　）

12. FIXBOOT 可以修复系统的主引导记录。（　　）

13. 主引导记录是 Fdisk 在对硬盘分区时产生的，它属于任何分区，因而 Format. com 只能格式化某一分区，而不能清除主引导记录的任何信息。（　　）

14. 主引导记录由三个部分组成，共占用 512 个字节。（　　）

15. 如果 explorer. exe 文件丢失，则启动 Windows XP 时在桌面上看不到任何图标。（　　）

16. 如果 winlogon. exe 文件丢失，会造成 Windows XP 反复重启。（　　）

17. 在对计算机的 BIOS 进行升级时，一定要把 BIOS 升级到最新版本。（　　）

18. sfc. exe 命令可以解决文件不完整性问题。（　　）

19. AT 电源的一大特点是能够实现软关机。（　　）

20. 原则上讲，计算机电源必须要有良好的接地，因此电源线的地线应与计算机的逻辑地线相接。（　　）

21. CMOS battery failed 是主机电源问题。（　　）

22. 启动时，主板发出“嘀嘀”的长鸣声，可能是内存没插好。（　　）

23. 计算机不能正常启动的原因一定是 BIOS 设置出现了问题。（　　）

24. 开机时无法进入系统可能是系统分区中毒所致。（　　）

25. 根目录下的日志文件 BOOTLOG. TXT 最后一行为“EndTerminate＝KERNEL”时，表示 Windows 98 能够正常关机。（　）

26. BOOTLOG. TXT 是记录系统启动过程的日志文件，用于系统故障排查。（　）

27. 一般情况下，在计算机中显示出来的硬盘容量要比硬盘容量的标值大，这是由于不同容量单位之间的转换造成的。（　）

28. DVD 光盘容量可达普通硬盘容量的 7 倍。（　）

29. 安装硬盘保护卡时应将 CMOS 中的病毒警告功能开启。（　）

30. 关闭显示器电源，将使正在运行的程序立即停止运行。（　）

31. 一个 SCIS 接口可以接 8 台 SCIS 设备。（　）

32. 使用计算机前应该先开家庭中的大功率设备，等电压稳定后再开计算机。（　）

33. CLV 读盘模式就是所谓的“恒定加速度”读取方式，是在光驱开发初期，考虑到读取 Audio CD 需要稳定的数据流而设计的。（　）

34. 启动计算机时出现蓝屏，不一定是内存出现故障。（　）

35. 品牌机验机时不需要进入 BIOS 检查所有硬件。（　）

36. 组装机如果配置得当，其性能和品牌机相当，甚至会超越品牌机。（　）

37. 删除注册表的某些项目之前，应该先导出注册表，以方便日后恢复注册表。（　）

38. 可以在局域网的网关处安装一个病毒防火墙，从而解决整个局域网的防病毒问题。（　）

39. 软件出错可能会造成系统蓝屏。（　）

40. 计算机的软件故障一般可以恢复，不过在某些情况下有的软件故障也可以转化为硬件故障。（　）

41. 删除软件所在文件夹中的一些文件，一定会使软件产生故障。（　）

42. 软件出现故障后，只能重新安装软件才能够使用。（　）

43. 环境变量一般是指在操作系统中用来指定操作系统运行环境的一些参数。（　）

44. Windows 系统中的环境变量是不能够设置的。（　）

45. 查看文件关联的命令是 PATH. EXE。（　）

46. 修复 EXE 文件关联错误的方法有两种，命令方式采用 FTYPE，窗口方式采用注册表编辑器。（　）

47. 系统评价是对系统性能的估计、分析和评审。（　）

48. 通过“服务”，可以在远程和本地计算机上开始、停止、暂停或继续服务，并配置启动和故障恢复选项，还可以对特定硬件配置文件启用或禁用服务。（　）

49. 打开组策略命令时不需要后缀名“. msc”。（　）

50. msconfig. exe 位于 Windows\System 目录下。 ( )

51. 注册表损坏严重可能导致无法启动操作系统。 ( )

52. 只要恢复了注册表，则计算机中的一切问题都可迎刃而解。 ( )

53. 注册表键的权限设置可以通过其他软件来实现。 ( )

54. 如果注册表被锁，则无法安装应用程序。 ( )

55. BOOT. INI 文件是系统的引导文件，系统初始化时依靠它来引导。 ( )

56. 病毒不能造成硬件损坏，只能造成软件损坏。 ( )

57. CAB 文件格式是由 Microsoft 创建的，CAB 文件格式比传统的 ZIP 文件格式有更高的压缩比。 ( )

58. 计算机被黑客入侵后就不能上网。 ( )

59. 病毒是一段恶意代码，这种代码与正常程序代码在计算机系统中的表现形式没有本质区别。恶意代码只要取得系统的运行权，就可以做正常程序代码可以做的任何事情。 ( )

60. 有些网站上不去，会出现一个"遇到错误，IE 浏览器需要关闭，是否发送错误报告"的提示框，用 Macromedia Flash MX 2004 可以解决这一问题。 ( )

61. 发现系统漏洞修不修补都没有什么影响。 ( )

62. 在网络技术中，端口的含义有两种：一是物理意义上的端口；二是逻辑意义上的端口。 ( )

63. 两台 Web 服务器可以共用一个物理接口。 ( )

64. 要想能够正确使用微机硬件设备，必须配置合理的内存地址范围、IRQ 和端口地址等资源使用信息。 ( )

65. 系统无缘无故死机、黑屏属于硬件资源冲突的典型表现。 ( )

66. 两台设备使用同一个 IDE 接口不一定会产生资源冲突，但是两台设备（非 PCI 设备或非 USB 设备）使用同一个 IRQ 则一定会产生资源冲突。 ( )

67. 一个中断号可以为多台设备公用，因此我们添加的设备在 IRQ0～IRQ15 之间随意指定一个中断号即可。 ( )

68. 主机与外设之间利用 DMA 通道进行数据传送时需要 CPU 的参与。 ( )

69. 浏览互联网上的网页，使用 TCP/IP 协议的子协议 HTTP 协议，其默认端口为 80。 ( )

70. 安装硬件设备的驱动程序，最好是使用购买设备时厂家提供的原始驱动程序，以保证发挥该设备的最大效能。 ( )

71. 所谓 DMA，就是不需要 CPU 参与，外设与内存之间相互传送数据的通道。在这种方式下，外设利用 DMA 通道直接将数据写入存储器或将数据从存储器中读出，而不用 CPU 支持，系统的速度会大大加快。 （ ）

72. 凡是采用 USB 进行连接的硬件设备，一定都支持“即插即用”技术。 （ ）

73. 如果设备管理器上一片空白，看不到硬件设备，那么排除该故障的方法是在运行中执行 devmgmt. msc 命令。 （ ）

二、单项选择题（下列每题有 4 个选项，其中只有 1 个是正确的，请将其代号填写在横线空白处）

1. 下列选项中，不属于计算机维修原则的是________。

A. 先想后做　　B. 先软后硬

C. 先主后次　　D. 先里后外

2. 下列选项中，不属于最小系统法所需的基本硬件的是________。

A. 电源　　B. CPU

C. 光驱　　D. 内存

3. 隔离法对于硬件来说，就是________。

A. 在设备管理器中，禁用、卸载其驱动，或干脆将硬件从系统中去除

B. 直接从系统中去除

C. 卸载其驱动程序

D. 禁用

4. 替换法是故障定位中使用最多的方法，它是用无故障的部件去替代可能有故障的部件，无故障的部件________。

A. 必须与原部件是同型号的　　B. 必须与原部件是同品牌的

C. 必须是同品牌、同型号的　　D. 可以是不同型号的

5. 清洁计算机所用毛刷的制成材料是________。

A. 塑料材料　　B. 天然材料

C. 金属材料　　D. 合成材料

6. Windows XP 中 FixMBR 的作用是________。

A. 修复启动文件　　B. 修复主引导记录

C. 修复 0 磁道　　D. 恢复被删除的文件

7. 硬盘的主引导记录位于________。

A. 0 磁道 0 柱面 0 扇区　　B. 0 磁道 0 柱面 1 扇区

C. 0 磁道 1 柱面 0 扇区　　D. 0 磁道 1 柱面 1 扇区

8. 如果忘记 Windows 2000 管理员登录密码，可以删除________文件重新登录。

A. Windows\system32\config\sam

B. Windows\sam

C. Windows\system32\sam

D. Windows\system\sam

9. 如果磁盘分区有问题，可以用________修复。

A. sfc. exe　　B. DiskMap. exe

C. format. exe　　D. fdisk. exe

10. 某用户反映开机后噪声太大，不可能造成该故障的部件为________。

A. 硬盘　　B. 机箱

C. 电源　　D. 内存

11. 冷启动是在系统未加电的情况下的启动，________则是指主机电源开启的情况下，通过同时按下“Ctrl”“Alt”“Delete”三个键来实现的。

A. 自动启动　　B. 热启动

C. 硬盘启动　　D. 冷启动

12. 启动故障是指从________到________这一过程中发生的问题。

A. 主机加电/自检完毕

B. 自检完毕/进入操作系统应用界面

C. 主机加电/进入操作系统应用界面

D. 从引导区加载文件/进入操作系统应用界面

13. 计算机开启，但不能正常进入操作系统应用界面，建议的操作是________。

A. 重新启动一下

B. 选择最后一次正确的启动进入

C. 选择带 DOS 命令行的安全模式进入

D. 选择安全模式进入

14. ________是开机注册文件。

A. BOOTLOG. TXT　　B. BOOTLOG. BAT

C. DSIKLOG. TEX　　D. DSIKLOG. BAT

15. 硬盘容量以 MB 或 GB 为单位，1 GB=1 024 MB。硬盘厂商在标称硬盘容量时通常取________，因此用户看到的容量要比厂家标称的小。

A. 1 GB=800 MB　　B. 1 GB=900 MB

C. 1 GB=1 000 MB　　D. 1 GB=1 020 MB

16. 对于安装硬盘保护卡的计算机，应注意将 CMOS 中的________关闭，将 CMOS 中的映射地址设为不使用。

A. 软盘驱动器　　B. 病毒警告

C. 升级功能　　D. BootEasy

17. AWARD BIOS 的警报声如果为一短声，则表示________。

A. 内存报错　　B. 硬盘报错

C. 启动系统正常　　D. 显示器报错

18. 外设通过接口电路与 CPU 相连，在 PC 机中接口电路一般做成插卡形式，也有做在主板上的。下列部件中，一般不插在主板上的是________。

A. CPU　　B. 内存

C. 显卡　　D. 硬盘

19. 计算机容易被大功率的电器所干扰，如空调、背投电视、冰箱等，它们之间的距离最小为________ cm。

A. 30　　B. 40

C. 50　　D. 60

20. 当从光驱读取多媒体文件时出现故障，如播放 DVD/VCD 速度慢、不连贯等，在确认光盘与光驱无故障的前提下，检查光驱的传输模式，并设为________方式。

A. DBA　　B. DMA

C. MBA　　D. MDA

21. 主机内蜂鸣器发出连续的"嘀嘀"报警声，表示________出现故障。

A. 主板　　B. 显卡

C. 硬盘　　D. 内存

22. 品牌机验机软件是________。

A. MemTest　　B. Windows 2003

C. Flash MX　　D. Microsoft Visual FoxPro 6.0

23. 组装机的验收标准包括________。

①外观检查　②主板检查　③CPU 检查　④内存检查　⑤USB 口检查　⑥硬盘检查　⑦光驱检查　⑧显示器检查

A. ②③④⑤⑥⑦　　B. ①②③④⑤⑥⑦

C. ②③④⑤⑥⑦⑧　　D. ①②③④⑤⑥⑦⑧

24. 客户机被运行一段恶意程序，导致每次启动后均出现一个对话框，且对话框无法关闭，只能强制结束。若在 MSCONFIG 中找不到该程序，可运行注册表，在________下找到对应的键值后删除即可。

A. HKEY_LOCAL_MACHINE　　B. HKEY_USERS
C. HKEY_CURRENT_USER　　D. HKEY_CLASSES_ROOT

25. 下列选项中，________不是实现防火墙的主流技术。
A. 包过滤技术　　B. 应用级网关技术
C. 代理服务器技术　　D. NAT 技术

26. 计算机软件故障可能会造成________。
A. 软件不能运行　　B. 系统死机
C. 系统工作混乱　　D. 以上都是

27. 安装操作系统时未正确安装________，可能产生软件不兼容问题。
A. 数据库　　B. 应用程序
C. 驱动和补丁　　D. 网络客户端

28. 下列选项中，________不是误操作软件故障产生的原因。
A. 对操作系统配置文件更改后不能恢复
B. 错误卸载了有用的软件
C. 加装了一条不兼容的内存，导致系统不正常
D. 在计算机使用过程中误删除了某些文件

29. 下列选项中，________可以排除误操作软件产生的故障。
A. 恢复系统备份　　B. 卸载无用的软件
C. 还原回收站中的文件　　D. 进行系统备份

30. 在 Windows 系统中，设置环境变量的命令是________。
A. SET　　B. PATH
C. TYPE　　D. FTYPE

31. 环境变量可以通过________进行设置。
A. “控制面板”→“管理工具”→“环境变量”
B. “开始”→“程序”→“附件”→“环境变量”
C. “我的电脑”→“系统属性”→“高级”→“环境变量”
D. 以上都可以

32. 下列关于文档与程序的说法，不正确的是________。
A. 一般特定的文档类型由特定的程序打开
B. 通过修改文档的关联程序可以打开不同类型的文档
C. 如果将 EXE 或 COM 文件的关联类型改变，将无法打开此类文件
D. 打开文档的关联程序不可修改，比如扩展名为 TXT 的文件只能由记事本打开

33. 如果计算机中 EXE 文件关联类型被改变，无法执行 EXE 文件，则正确的处理方法是________。

A. 在命令窗口输入：FTYPE EXEFILE="%1" %*

B. 在命令窗口输入：FTYPE EXEFILE=%1 "%*"

C. 在命令窗口输入：FTYPE EXEFILE="%1 *%"

D. 在命令窗口输入：FTYPE EXEFILE=%1 %*

34. 在计算机性能评测技术中，能够相对客观地评估系统性能，更接近系统实际运行状况的评估方法是________。

A. 使用 Benchmark（基准程序测试）方法

B. 使用 iCOMP 指数标准

C. 测试 CPU、磁盘 I/O、显卡 I/O、总性能

D. 使用 Qaplus 和 Norton 工具

35. 如果在安装打印机时出现“缺少资源，打印子系统不可使用”的提示，则应该是________。

A. 打印机没有正确联机

B. 没有提供打印机驱动程序

C. 在系统服务中没有启动“Print Spooler”服务

D. 打印机可能已经损坏

36. 打开组策略的命令是________。

A. msconfig. sys　　B. gpedit. msc

C. regedit. exe　　D. command. exe

37. msconfig 是________。

A. 一个启动项目　　B. 微软系统自带的一个诊断程序

C. 系统配置　　D. 一个办公软件

38. 下列现象中，________不是注册表损坏的表现。

A. Windows 系统显示“注册表损坏”的信息

B. 应用程序出现“找不到服务器上的嵌入对象”或“找不到 OLE 控件”的错误提示

C. 在 Windows 文档中选择 A1. txt，系统提示该文件不存在

D. 不久前工作正常的硬件设备不再起作用或在“设备管理器”列表中找不到该硬件设备

39. 下列选项中，不能正确恢复注册表的是________。

A. 将以前备份过的注册表导入

B. 在 DOS 下运行 SCANREG/RESTORE 命令

C. 将注册表删除，再将旧的备份改名为 regedit. exe

D. 在 Windows 2000 中利用 repair 文件夹下的文件恢复

40. 为了防止一些病毒程序篡改注册表，可以对注册表设置访问权限。下列选项中，不可行的是________。

A. 设置注册表自启动项为 everyone 只读（Run、RunOnce、RunService），防止木马病毒通过自启动项启动

B. 设置 . txt、. com、. exe、. inf、. ini、. bat 等文件关联为 everyone 只读，防止木马病毒通过文件关联启动

C. 设置注册表 HKEY_LOCAL_MACHINE\SYSTEM\CurrentControlSet\Services 为 everyone 只读，防止木马病毒以“服务”方式启动

D. 设置注册表 RUN 为完全控制

41. 如果注册表被锁定，可以通过________进行解锁。

A. 组策略　　B. 安全策略

C. 系统策略　　D. 账户策略

42. 如果把 boot. ini 中的 timeout 的值设为“－1”，表示在出现启动选择菜单时________。

A. 不等待　　B. 一直等待

C. 默认启动　　D. 等待 1 s

43. 在安全模式杀毒后，重启进入“欢迎使用”后死机，但是安全模式可以正常进入，其原因是________。

A. 硬盘损坏　　B. 系统损坏

C. 其他盘片可能没有完全杀毒　　D. 内存条损坏

44. 扩展名为 CAB 的文件是________。

A. Microsoft 的压缩文件　　B. 程序文件

C. 自解压文件　　D. 可执行程序

45. 被黑客入侵可能引起________。

A. 死机　　B. 黑屏

C. 蓝屏　　D. 以上都是

46. 防止恶意代码入侵的有效手段是________。

A. 手动杀毒　　B. 安装杀毒软件

C. 更改物理地址　　D. 创建虚拟机

47. 上网时出现一个“遇到错误，IE浏览器需要关闭，是否发送错误报告”的提示框，该用________修复。

A. 360安全卫士　　B. Macromedia Flash MX 2004

C. JCreator Pro　　D. Internet Explorer

48. Windows系统漏洞按危险等级可以划分为________个安全等级。

A. 1　　B. 2

C. 3　　D. 4

49. 常见的WWW服务的端口是________。

A. 21　　B. 23

C. 25　　D. 80

50. 安装ISA Server 2006，发布Web时，报警端口80冲突，其原因是________。

A. 同台服务器上有配置80端口的其他Web站点存在

B. ISA Server没有发布Web的功能

C. 防火墙限制了80端口

D. 网络适配器不能正常工作

51. 微机系统的硬件资源不包括________。

A. 输入设备　　B. 输出设备

C. 驱动程序　　D. 存储设备

52. 下列选项中，________不属于硬件资源冲突的典型表现。

A. 系统无缘无故死机　　B. 查看系统属性时，有惊叹号出现

C. 不能安装软件　　D. 不能对硬盘分区

53. 新旧硬件资源发生冲突时，不包括________。

A. IRQ中断　　B. DMA通道

C. I/O地址　　D. 内存

54. 一般来说，个人微机的系统时钟使用________。

A. IRQ0　　B. IRQ1

C. IRQ2　　D. IRQ3

55. 硬件设备利用DMA通道与________直接进行数据交换。

A. CPU　　B. 内存

C. 硬盘　　D. CMOS

56. COM1接口的I/O地址是________。

A. 02F8H-02FFH　　B. 03F8H-03FFH

C. 0060H-0064H　　D. 3000H-30FFH

57. 网络连接出现“黄色感叹号”，说明________。

A. 网络连接已经被禁用

B. IP 冲突或网络连接因其他原因已经被限制

C. 网卡的驱动程序没有安装

D. 网卡的 TCP/IP 协议没有配置

58. 某微机无法启动，经过检查发现有一个 PCI 设备和系统时钟使用同一个中断号，通过在 BIOS 中更改 PCI 设备的中断号，故障得以排除。那么在本故障中，引起冲突的中断号是________。

A. IRQ0　　B. IRQ1

C. IRQ2　　D. IRQ3

59. “即插即用”的英文是________。

A. Plug-and-Play　　B. Plug-and-Use

C. Insert-and-Use　　D. Plug-and-Use

60. 在设备管理器的某台设备前有“蓝色感叹号”，说明________。

A. 该设备已经被禁用　　B. 该设备没有选择“自动设置”

C. 该设备驱动程序没有安装　　D. 该设备驱动程序安装不正确

三、多项选择题（下列每题有 4 个选项，其中有 2 个或 2 个以上是正确的，请将其代号填写在横线空白处）

1. 下列选项中，________是进行计算机维修时经常采用的方法。

A. 替换法　　B. 隔离法

C. 敲打法　　D. 升降温法

2. 下列关于最小系统法的说法，正确的是________。

A. 最小系统法主要是判断在最基本的软、硬件环境中，系统是否正常工作

B. 在软件最小系统下，可根据需要添加或更改适当的硬件

C. 软件环境中，只有一个基本的操作系统

D. 硬盘中的操作系统是早期已经安装的操作系统，以方便用户进行故障定位

3. 采用隔离法可以排除的故障是________。

A. 上网时断时续　　B. 计算机反复重启

C. 计算机加电后无响应　　D. 分辨率设置过高导致计算机启动黑屏

4. 按________选择需要替换的部件或设备。

A. 先简单后复杂的顺序　　B. 故障率高低

C. 部件发热程度　　D. 部件价格

5. 在对金属工具进行清洁时，必须________。

A. 切断电源　　B. 对金属工具进行泄放静电处理

C. 用酒精除尘　　D. 用橡皮擦除尘

6. 下列关于组策略的说法，正确的是________。

A. Windows 2000 有组策略，Windows XP 没有组策略

B. 组策略的设置可以通过修改注册表的方法实现

C. Windows XP 不仅有组策略，而且有系统配置文件 MSCONFIG. SYS，而 Windows 2000 只有组策略，没有系统配置文件 MSCONFIG. SYS

D. 组策略编辑器的运行命令是 gpedit. exe

7. 主引导记录的组成部分包括________。

A. 主引导程序　　B. 分区表

C. 结束标志　　D. 开始标志

8. Windows XP 的登录方式有________。

A. 交互式登录　　B. 网络登录

C. 服务登录　　D. 批处理登录

9. 检查磁盘上的分区是否能被访问、介质是否有损坏、保存的文件是否完整等，可使用的程序有________。

A. sfc. exe　　B. fdisk. exe

C. diskcmp. exe　　D. format. exe

10. 为保证电力供应系统的可靠性，常采用的方式有________。

A. 安装接地系统　　B. 安装 UPS

C. 直接从电信局接专线　　D. 安装稳压电源

11. 下列表述正确的是________。

A. 功能键代表的功能是由硬件确定的

B. 微机开机时应先接通外设电源，后接通主机电源

C. 关闭显示器的电源，将使正在运行的程序立即停止运行

D. 把软盘写保护口封住是防止软盘感染计算机病毒的有力措施之一

12. 计算机成功启动过程中不需要使用的文件是________。

A. CONFIG. SYS　　B. IO. SYS

C. AUTOEXEC. BAT　　D. MSDOS. SYS

13. 不能进入系统的原因有________。

A. 键盘插线问题　　B. 鼠标插线问题

C. 硬盘中毒　　D. 内存没有插好

14. BOOTLOG. TXT 文件________。

A. 是安装 Windows 时自动生成的

B. 是在命令行中用带参数的“win/b”生成的

C. 是在 Windows 启动菜单中选择“Logged (\BOOTLOG. TXT)”后生成的

D. 在 Windows XP 中不存在

15. 下列选项中，与硬盘容量有关的是________。

A. 磁头数　　B. 柱面数

C. 扇区数　　D. 磁道数

16. 下列关于硬盘保护卡的说法，正确的是________。

A. 应该将 BIOS 中的病毒警告框关闭

B. 应该将 BIOS 中的地址映射设为不使用

C. 应该将第一启动设备设为 LAN

D. 应该将光驱和硬盘接在不同的 IDE 口上

17. 液晶显示器包括________等部件。

A. 玻璃基板　　B. ITO 导电膜

C. 配向膜　　D. 偏光板

18. 硬件设备不兼容主要体现在________方面。

A. 接口不匹配　　B. 正确安装驱动程序后仍无法正常工作

C. 没有相应的驱动程序　　D. 以上都正确

19. 一般来说，对计算机影响比较大的家电包括________。

A. 空调　　B. 冰箱

C. 电磁炉　　D. 背投电视

20. 光驱的读盘模式有________。

A. CLV　　B. CAV

C. P-CAV　　D. Z-CLV

21. 内存故障表现主要有________。

A. 开机无显示

B. Windows 系统运行不稳定，经常出现非法错误

C. Windows 经常自动进入安全模式

D. 内存加大后系统资源反而降低

22. 品牌机正确验机的方法有________。

A. 验证 SN 码后开机进入 BIOS，查看机器大概配置

B. 通过检测软件检测 CPU 信息

C. 上网查询保修期限及核对附件编号

D. FRU 信息查询

23. 配置组装机时要注意兼容性，如果硬件兼容性不好，可能会出现________。

A. 某些应用程序无法运行　　B. 启动计算机时显示蓝屏

C. 某些硬件无法安装　　D. 计算机无法加电

24. 能够删除启动项的方法有________。

A. 在计算机管理工具中删除　　B. 在注册表中删除

C. 在组策略中删除　　D. 通过系统配置实用程序进行删除

25. 个人防火墙可以提供的服务有________。

A. Port Blocking　　B. NAT

C. Authentication　　D. Connection Traceback

26. 计算机的软件故障主要包括________。

A. 操作系统故障　　B. 网络服务器故障

C. 网络终端故障　　D. 常用软件故障

27. 两种以上软件和程序的运行环境、存取区域、工作地址等发生冲突时，会导致________。

A. 软件不能运行　　B. 文件丢失

C. 系统工作混乱　　D. 系统死机

28. 软件故障产生的原因有________。

A. 文件丢失　　B. 软件版本不匹配

C. 非法操作　　D. 内存冲突

29. 下列选项中，________可以排除误操作软件产生的故障。

A. 恢复系统备份　　B. 卸载无用的软件

C. 进行软件修复　　D. 进行系统备份

30. 下列选项中，________是 Windows 的环境变量。

A. %windir%　　B. %windir

C. %ComSpec　　D. %ComSpec%

31. 设置系统环境变量可在________中进行。

A. 命令提示符窗口　　B. 用户账号
C. 系统属性的高级选项　　D. 设备管理器

32. 如果文档与相关程序关联错误，则修复的方法有________。
A. 通过注册表进行修改
B. 在命令提示符窗口中用 FTYPE 进行修改
C. 通过组策略进行修改
D. 通过本地安全策略进行修改

33. 如果 exe 文件关联错误，则下列选项中________还可以运行。
A. AUTOEXEC. BAT　　B. 计算器
C. DOS 窗口　　D. 记事本

34. 计算机性能主要由________部件决定。
A. CPU　　B. 内存
C. 显卡　　D. U 盘

35. 如果更改系统配置，必须以________的身份登录。
A. 管理员　　B. 管理员组成员
C. 普通用户组成员　　D. 任何成员

36. “限制可保留带宽”属性对话框包括的选项有________。
A. 未配置　　B. 未定义
C. 已启用　　D. 已禁用

37. msconfig. exe 是________。
A. 系统配置实用程序　　B. 对系统加载的启动程序
C. 对服务进行配置的程序　　D. 重装系统的工具

38. 下列选项中，________能表示注册表已经损坏。
A. 开机或运行某个程序时，出现“找不到 *. dll”提示
B. 双击某个文件时，Windows 提示无法打开这类文件
C. 开始或者控制面板菜单变灰
D. Windows 系统不能启动，或者只能使用安全模式启动

39. 正确恢复注册表的方法有________。
A. 将以前备份过的注册表导入
B. 先将注册表删除，再将旧的备份改名为 regedit. exe
C. 在 DOS 下运行 SCANREG/RESTORE 命令
D. 在 Windows 2000 中利用 repair 文件夹下的文件恢复

40. 能够实现注册表键权限设置的方式有________。

A. 如果在域环境里，可通过活动目录的组策略

B. 通过本地计算机的组策略

C. 通过修改注册表权限

D. 通过软件和批处理程序

41. 下列选项中，________不是注册表被锁后的表现。

A. 程序无法运行　　B. 操作系统不能启动

C. 无法安装软件　　D. 打不开注册表

42. Windows 2000 主机配置双启动后，如果移除 win 启动选项，则可以进行的操作是________。

A. 修改 boot. ini 文件　　B. 在启动配置的高级选项中进行修改

C. 开机选择“F8”键进行修改　　D. 修改 win. sys 文件

43. 计算机感染病毒后，可能会对________造成破坏。

A. 计算机主机硬件　　B. 计算机应用软件

C. 计算机系统　　D. 显示器

44. 下列关于 CAB 文件和 ZIP 文件的说法，正确的是________。

A. CAB 文件的压缩率比 ZIP 文件的压缩率高

B. CAB 文件通用性不强，一般只用于压缩安装程序

C. 两者各有特点

D. ZIP 制作压缩包过程简单

45. 计算机在________的情况下容易受到黑客入侵。

A. 关闭防火墙　　B. 没有安装杀毒软件

C. 管理员密码为空　　D. 在网络上共享文件

46. 传统的恶意脚本有________。

A. 病毒　　B. 蠕虫

C. 特洛伊木马　　D. 攻击性脚本

47. 修复 IE 的常用软件有________。

A. 雅虎助手　　B. 瑞星卡卡上网安全助手

C. 超级兔子　　D. Ghost

48. 修复系统漏洞的方法有________。

A. 利用软件修复　　B. 自动更新

C. 安装插件　　D. 打开防火墙

49. 众所周知的端口号范围是从 0 到 1023，这些端口号一般固定分配给一些服务，比如________。

A. 21 端口分配给 FTP 服务　　B. 25 端口分配给 SMTP 服务

C. 80 端口分配给 HTTP 服务　　D. 135 端口分配给 RPC 服务

50. Web 服务器也称为 WWW 服务器，它支持________。

A. 应用层使用 HTTP 协议　　B. HTML 文档格式

C. 浏览器统一资源定位器（URL）　　D. BMC 文档格式

51. 计算机系统的硬件资源包括________。

A. 输入设备　　B. 输出设备

C. 驱动程序　　D. 存储设备

52. 计算机运行一段时间后提示“系统资源不足”，什么程序都打不开。而重新启动后工作正常，使用一段时间又会出现同样的问题，此故障的原因可能是________。

A. 操作系统出错　　B. 感染病毒

C. 系统盘空间不足　　D. 内存不足

53. 下列选项中，不一定会产生硬件资源冲突的情况是________。

A. 两台设备使用同一个 DMA 通道

B. 两台以上设备使用同一个 USB 接口

C. 两台设备（非 PCI 设备或 USB 设备）使用同一个 IRQ

D. 两台设备使用同一个 IDE 接口

54. 在计算机的 16 个中断号中，有一部分是系统保留的中断号。下列选项中，属于系统保留的中断号的是________。

A. IRQ0　　B. IRQ1

C. IRQ4　　D. IRQ8

55. 下列 DMA 通道中，可以分配给打印机使用的通道有________。

A. DMA1　　B. DMA2

C. DMA6　　D. DMA7

56. 下列关于计算机 I/O 设备的论述，正确的是________。

A. 输出设备一般是指能从计算机系统中输送出可直接识别的信息的设备

B. 用户只能通过 I/O 设备和计算机交互

C. 相对而言，I/O 设备是计算机系统中运转速度最慢的设备

D. 所有 I/O 设备的操作均是由程序中的输入/输出指令或输入/输出语句统一控制

57. 一个新购买的声卡，安装到计算机上后却不能发出声音，该故障的排除方法有

________。

A. 检查声卡的 IRQ 值是否和其他设备冲突，有则修改

B. 检查声卡的 I/O 范围是否和其他设备冲突，有则更改

C. 检查声卡的驱动程序是否安装正确

D. 在设备管理器中删除声卡，重新安装

58. “即插即用”技术应具备的条件有________。

A. BIOS 支持“即插即用”　　B. 操作系统支持“即插即用”

C. 计算机配件支持“即插即用”　　D. 驱动程序支持“即插即用”

59. 借助设备管理器可以完成的任务有________。

A. 确定计算机上的硬件设备是否工作正常

B. 修改硬件设备配置选项

C. 更新驱动程序

D. 禁用、启用或卸载设备

60. 设备管理器上一片空白，看不到硬件设备，该故障的排除方法有________。

A. 右击“我的电脑”，选择“管理”，然后在“服务和应用程序”中选择“服务”，在右侧找到“Plug and Play”，启动该服务

B. 在注册表中打开 HKEY_CURRENT_USER\Software\Microsoft\Internet Explorer\Toolbar 的三个子键：Explorer、ShellBrower、WebBrower，把每个“ITBarLayout”项删除

C. 运行 regsvr32 C:\Windows\system32\msxml3. dll

D. 运行 devmgmt. msc

参考答案

一、判断题

1. √	2. ×	3. ×	4. √	5. ×	6. √	7. ×	8. √	9. ×
10. √	11. √	12. ×	13. √	14. √	15. √	16. √	17. ×	18. √
19. ×	20. ×	21. ×	22. √	23. ×	24. √	25. √	26. √	27. ×
28. ×	29. ×	30. ×	31. √	32. √	33. ×	34. √	35. ×	36. √
37. √	38. ×	39. √	40. √	41. ×	42. ×	43. √	44. ×	45. ×
46. √	47. √	48. √	49. ×	50. √	51. ×	52. ×	53. √	54. ×
55. √	56. ×	57. √	58. ×	59. √	60. ×	61. ×	62. √	63. ×

64. √　65. √　66. √　67. ×　68. ×　69. √　70. ×　71. √　72. √
73. ×

二、单项选择题

1. D　2. C　3. A　4. D　5. B　6. B　7. B　8. A　9. B
10. D　11. B　12. B　13. B　14. A　15. C　16. B　17. D　18. D
19. C　20. B　21. D　22. A　23. D　24. A　25. D　26. D　27. C
28. C　29. A　30. C　31. C　32. D　33. A　34. A　35. C　36. B
37. B　38. C　39. C　40. D　41. A　42. B　43. C　44. A　45. D
46. B　47. A　48. D　49. D　50. A　51. C　52. D　53. D　54. A
55. B　56. B　57. B　58. A　59. A　60. B

三、多项选择题

1. ABCD　2. ABC　3. ABCD　4. AB　5. AB
6. BC　7. ABC　8. ABCD　9. ABC　10. ABD
11. BD　12. AC　13. CD　14. BC　15. ABCD
16. ABCD　17. ABCD　18. AB　19. ABCD　20. ABCD
21. ABCD　22. ABCD　23. ABC　24. BD　25. AD
26. AD　27. ABCD　28. ABCD　29. AC　30. AD
31. AC　32. AB　33. AC　34. ABC　35. AB
36. ACD　37. ABC　38. ABCD　39. ACD　40. ABCD
41. ABC　42. AB　43. ABC　44. ABCD　45. ABCD
46. ABCD　47. ABCD　48. AB　49. ABCD　50. ABC
51. ABD　52. BCD　53. ABD　54. ABD　55. ACD
56. ABCD　57. ABCD　58. ABCD　59. ABCD　60. ABC

第5章　板级维修

考核要点

理论知识考核范围	考核要点	重要程度
硬盘检测与维修	1. 逻辑坏道	掌握
	2. 物理坏道	掌握
	3. 磁盘丢失数据	掌握
	4. 调整 BIOS 设置	掌握
	5. 硬盘格式化	掌握
硬盘工作原理	1. HDD Controller Error	掌握
	2. 扇区的有效标志	掌握
	3. 分区表错误	掌握
	4. FAT 表	掌握
	5. 读写磁道	掌握
显卡检测与维修	1. 显卡报警	掌握
	2. 显卡故障分析	掌握
	3. 显卡故障处理	掌握
显卡工作原理	1. 显卡的工作核心	掌握
	2. 显卡的架构	掌握
	3. 板载显卡设置	掌握
机箱电源检测	1. 开关电源的功能	掌握
	2. 变换器	掌握
	3. 关机故障	掌握
	4. 自动开机故障	掌握
机箱电源更换与维修	1. 更换电源的原则	掌握
	2. 电源故障维修	掌握
不间断电源组成	1. UPS 的组成	掌握
	2. 电池使用寿命	掌握
	3. 蓄电池电压	掌握

续表

理论知识考核范围	考核要点	重要程度
不间断电源工作原理与检测维修	1. UPS 工作原理	掌握
	2. UPS 故障	掌握
	3. UPS 故障检测方法	掌握
	4. UPS 更换零件方法	掌握
网络设备工作原理	1. 网络故障的类型	掌握
	2. 网络的物理故障	掌握
	3. ping 命令	掌握
	4. 路由器原理	熟悉
网络设备检测与维修	1. 路由器故障	掌握
	2. 更换网卡	掌握
	3. 交换机维修	掌握
笔记本电脑工作特点	1. 笔记本电脑的最小硬件	掌握
	2. 笔记本电脑随机性故障	掌握
	3. 笔记本电脑检测	掌握
	4. 笔记本电脑试屏	掌握

辅导练习题

一、判断题（下列判断正确的请在括号内打“√”，错误的请在括号内打“×”）

1. 逻辑坏道一般会对硬件造成很大的危害。（　　）

2. 逻辑坏道一般不会对硬件造成太大的危害。（　　）

3. 硬盘工作时的震动不会造成物理坏道的产生。（　　）

4. 硬盘工作时的震动会造成物理坏道的产生。（　　）

5. 从理论上讲，正常情况下的硬盘是不应该丢失数据的。（　　）

6. 操作计算机时，如果遇到文件找不到或者文件被破坏而无法正常打开的现象，一定不是数据丢失了。（　　）

7. 主板的 IDE 控制器出现问题，不会影响硬盘在 BIOS 中的参数设置。（　　）

8. 硬盘的 0 磁道出现错误时，可以在 BIOS 中找到该硬盘，但却不能启动系统。（　　）

9. 执行硬盘格式化后，硬盘数据是不能恢复的。（　　）

10. 如果硬盘不能进行格式化，一般是硬盘读写电路部分发生了故障。（　　）

11. 如果出现“HDD Controller Error”提示，可能是由于某种原因造成硬盘的物理

坏道。（　）

12. 若 0 磁道未损坏，只需用 Norton 8.0 软件将该磁道上的文件修复即可。（　）

13. 分区表的第四个字节为分区类型值，正常可引导的大于 32 MB 的基本 DOS 分区值为 06H，而扩展的 DOS 分区值是 05H。如果把 06H 改为 DOS 不能识别的类型如 EFH，则 DOS 认为该分区不是 DOS 分区，从而无法实现读写。（　）

14. 如果把基本 DOS 分区类型改为 05H 则可以启动系统，但不能读写其中的数据。（　）

15. 分区表数据的损坏将会造成该分区的混乱或丢失，一般无法进行手工恢复，唯一的方法是用备份的分区表数据重新写回，或者从其他相同类型、相同分区状况的硬盘上获取分区表数据，否则将导致数据的永久丢失。（　）

16. 分区表的第八个字节为分区类型值，正常可引导的大于 32 MB 的基本 DOS 分区值为 06H，而扩展的 DOS 分区值是 05H。（　）

17. DOS 系统本身提供了两个 FAT 表，如果目前使用的 FAT 表损坏，可用另一个进行覆盖修复。（　）

18. 文本文件很容易恢复，而十进制数据文件则很难恢复完整。（　）

19. 删除操作是由系统对 0 磁道的文件信息打上删除标记，但这个文件本身并没有被清除，只是文件占用的空间在系统中被显示为释放。（　）

20. 硬盘用本身转动的盘片和移动的磁头读写数据。（　）

21. 板载显卡一般没有接触不良的故障，其图形处理芯片放置在主板上，显存占用内存的一部分，可由 BIOS 设置容量大小。（　）

22. PCI 显卡和 AGP 显卡属于插卡显卡。（　）

23. 板载显卡一般会有接触不良的故障，其图形处理芯片放置在主板上，显存占用内存的一部分，可由 BIOS 设置容量大小。（　）

24. 插卡显卡分为 SDRAM 显卡和 DDR 显卡两种。（　）

25. 启动黑屏是较常见的故障，大多是由于显卡接触不良或显卡损坏造成的，可采用“最小系统法”并结合“替换法”检查维修。（　）

26. 如果主板与显卡不兼容、主板与显卡接触不良，或显卡与其他扩展卡不兼容，都会造成系统死机。（　）

27. 显卡驱动程序丢失一般是由于显卡质量不佳或显卡与主板不兼容，使得显卡温度升高，从而导致系统运行不稳定或出现死机现象。（　）

28. 如果主板与显卡不兼容、主板与显卡接触不良，或显卡与其他扩展卡不兼容，一般不会造成系统死机。（　）

29. 板载显卡的显存占用内存的一部分，可由 BIOS 设置容量大小，大部分故障与内存有关。 (　　)

30. 劣质电源和显示器损坏不会引起显示器无图像故障。 (　　)

31. RAMDAC 的作用是将显存中的数字信号转换成显示器能够识别的模拟信号，速度用“MHz”表示，速度越快，图像越稳定，它决定了显卡能够支持的最高刷新频率。

(　　)

32. VGA BIOS 存在于 Flash ROM 中，包含了显示芯片和驱动程序之间的控制程序、产品标识等信息。 (　　)

33. 板载显卡显存的容量大小可在操作系统中设置。 (　　)

34. 主板上的 CPU 可以屏蔽板载显卡的使用。 (　　)

35. 输入整流滤波器是对电网输入电压进行整流滤波，为变换器提供直流电压。(　　)

36. 输出整流滤波器是将变换器输出的高频交流电压整流滤波得到需要的直流电压，但不防止高频噪声对负载的干扰。 (　　)

37. 变换器有隔离直流电压输出部分与输入电网的作用。 (　　)

38. 变换器把高频交流电压变换成直流电压。 (　　)

39. 如果显卡或显示器中有一个不支持 DPMS（显示器电源管理系统）规范，主机关闭后显示器指示灯可能会亮，屏幕上也会有白色光栅，这属于正常现象。 (　　)

40. 由于 BIOS 设定关机时有一定的延时时间（Delay Time），关机时需要按住电源按钮并保持数秒钟才能将机器关闭。因为不能实现瞬间关闭，所以属于不正常现象，其为电源故障。 (　　)

41. 由于显卡或显示器中有一个不支持 DPMS（显示器电源管理系统）规范，主机关闭后显示器指示灯亮，屏幕上仍有白色光栅，这属于不正常现象。 (　　)

42. 主机不能实现瞬间关闭是正常现象，不是电源故障。 (　　)

43. 更换电源时，选择的电源功率应小于原电源功率。 (　　)

44. 如果电源内的熔断管烧断，其故障部位可能位于变压器初级绕组之前。 (　　)

45. 更换电源时，选择的电源功率应大于等于原电源功率。 (　　)

46. 维修机箱电源必须要了解开关电源的基本原理。 (　　)

47. 维修时因电源板上有 220 V 电压输入，故应特别注意安全，以防触电事故的发生。

(　　)

48. 维修计算机机箱电源无须了解开关电源的基本原理，但要掌握一般的电子设备维修基础知识，能够使用相关仪器、仪表和工具。 (　　)

49. 整流器是一个整流装置，简单地说就是将交流电（AC）转化为直流电（DC）的

装置。（　）

50. 蓄电池是 UPS 用来存储电能的装置，它由若干个电池串联而成，其容量大小决定了其维持放电（供电）的时间。（　）

51. 如果长期不停电，应定期人为中断供电，使 UPS 带负载放电，以避免蓄电池长期处于浮充状态。（　）

52. 维护好蓄电池非常关键，尤其是要注意蓄电池的环境温度。温度高了会缩短电池使用寿命，温度低了则达不到标称延时。（　）

53. 蓄电池容量越小，持续时间越长。（　）

54. 若充电电路输入正常，输出不正常，断开蓄电池再测，若仍不正常则为充电电路故障。（　）

55. 逆变器是一种将直流电（DC）转化为交流电（AC）的装置。（　）

56. 静态开关又称静止开关，它是一种无触点开关，是由两个可控硅（SCR）反向并联组成的一种交流开关，其闭合和断开由逻辑控制器控制。（　）

57. 如果 UPS 无输出、面板无显示，可先检查市电输入熔丝是否完好，再检查蓄电池熔丝是否烧断。（　）

58. 过电流保护失效后，即使逆变器输出发生过电流，过流保护电路也会起作用。（　）

59. 一台后备 UPS 有市电时工作正常，无市电时逆变器有输出，但输出电压偏低，同时变压器发出较大的噪声，可先检查功率是否正常，再检查脉宽输出电路输出信号是否正常。（　）

60. 一台后备 UPS 有市电时工作正常，无市电时逆变器有输出，但输出电压偏低，同时变压器发出较大的噪声。若功率和脉宽输出电路输出正常，则可进一步检查驱动电路输出是否正常。（　）

61. 更换电池组后，必须先测量 UPS 电源电压，正常后再连接其他用电设备。（　）

62. UPS 不间断电源的电池组分为内置和外置两种。（　）

63. 主机故障常见原因是主机配置不当。（　）

64. 一旦发现远端路由器端口不通，或该线路没有流量，就说明该路由器出现了故障。（　）

65. 路由器的负载过高，表现为路由器 CPU 温度太高、CPU 利用率过高以及内存余量太小等，虽然不能直接影响网络的连通，但却影响网络服务质量，而且也容易导致硬件设备的损坏。（　）

66. 网络逻辑故障最常见的情况是配置错误，主要原因是路由器端口参数设定有误或路

由器路由配置错误。（　　）

67. 若能 ping 通本地的 IP 地址，说明该计算机的网卡和网络协议设置正常。（　　）

68. 通过 ping 命令可以查看对方网卡的 MAC 地址。（　　）

69. 所谓“路由”，是指把数据从一个地方传送到另一个地方的行为和动作。（　　）

70. 路由器是一种连接多个网络或网段的网络设备，它能对不同网络或网段之间的数据信息进行“翻译”，以使它们能够相互“读懂”对方的数据，从而构成一个更大的网络。（　　）

71. 当路由器串口出现连通性问题时，为了排除串口故障，一般是从“show interface serial”命令开始着手。（　　）

72. OSPF 是一个外部网关协议，用于在单一自治系统内决策路由。（　　）

73. 更换网卡时，最好不要将原网卡卸载，否则新网卡的 IP 地址将和原网卡冲突。（　　）

74. 10/100M 自适应网卡均是即插即用的，无论何种型号均可使用，插上新网卡后计算机系统会自动查找驱动程序。（　　）

75. 接插件主要用于电路板与其他电路板或仪器之间的连接，以保证数据和信息的相互交流和传递。（　　）

76. 采用直流变换器的交换机，应先检查交流变换器，然后再检查交换机本身的电源部分。（　　）

77. 硬件最小系统法可以排除很多由于装配而引起的问题。（　　）

78. 软件最小系统法可以检查软件问题、启动问题及硬件问题。（　　）

79. 对于笔记本电脑随机性故障，要在充分的软件调试和观察后，在一定的分析基础上进行硬件更换。（　　）

80. 做磁盘整理时，应在检查磁盘分区正常及分区中剩余空间足够的情况下进行。（　　）

81. 对于新购笔记本电脑，如果键盘上面有油渍，可以判断该笔记本电脑为旧机或翻新机。（　　）

82. 进入电池管理程序，查看电池的充电次数。如果充电次数太多，可以肯定该机器不是新机或该电池是旧电池。（　　）

83. 运行 PCMark 或 3DMark 程序时，如果屏幕显示存在问题，则必须运行 Ntest 做进一步测试。（　　）

84. 笔记本电脑屏幕预热 20～30 min，是测试屏幕的最佳时间。（　　）

85. 先排除软件故障再排除硬件故障，这是计算机维修中的重要原则。（　　）

86. 只有弄清故障发生时计算机的使用状况和以前的维修状况，以及具体的故障现象和发生故障时的软硬件环境，才能顺利排除故障。（　）

87. 根据笔记本电脑的故障特点及不同机型的特有故障现象，先排除带有普遍性和规律性的常见故障，然后再检查特殊故障，以便逐步缩小故障范围，由面到点，缩短修理时间。（　）

88. 由于笔记本电脑本身在拆装方面的普遍性，可能不同的机型在拆装同一部件时的难度差别非常小。（　）

89. 开机时观察有无不正常的声响以及声响的发出部位，这是基本的观察方法。（　）

90. 观察法首先查看有无明显的不可见故障，比如烧焦、变形、崩裂等。（　）

二、单项选择题（下列每题有 4 个选项，其中只有 1 个是正确的，请将其代号填写在横线空白处）

1. ________是由于软件安装或使用错误造成的。

A. 逻辑坏道　　B. 物理坏道

C. 0 磁道故障　　D. 1 磁道故障

2. 逻辑坏道是由于________安装或使用错误造成的。

A. 操作系统　　B. 软件

C. 硬件　　D. 应用

3. 逻辑坏道是由于软件安装或________造成的。

A. 正确使用　　B. 扩大使用

C. 使用错误　　D. 相反使用

4. 如果磁盘受到强烈震动，会使硬盘产生________。

A. 逻辑坏道　　B. 物理坏道

C. 0 磁道故障　　D. 1 磁道故障

5. 如果磁盘________，会使硬盘产生物理坏道。

A. 出现逻辑坏道　　B. 1 磁道出现故障

C. 0 磁道出现故障　　D. 受到强烈震动

6. 磁头和磁盘的间隙仅有________μm。

A. 0.015～0.025　　B. 0.025～0.035

C. 0.045～0.055　　D. 0.065～0.075

7. 因为硬盘工作在高速状态，周围的________干扰随时有可能造成硬盘在读写数据时发生错误。

A. 强声　　B. 强电磁

C. 强紫外线　　D. 强震动

8. 操作计算机时，如果遇到文件找不到或者文件被破坏而无法正常打开的现象，其主要原因是________。

A. 数据丢失　　B. 数据压缩

C. 数据交换　　D. 数据误差

9. 当发现有些文件丢失时，首先要对计算机________，其次要对计算机防病毒软件及时升级。

A. 重装系统　　B. 重启系统

C. 彻底关机　　D. 彻底杀毒

10. 硬盘在 BIOS 中能够找到，但是无法正常格式化和使用，一般情况下是硬盘的________和数据读写部分发生了故障。

A. 分区信息　　B. 控制部分

C. 供电部分　　D. 时钟问题

11. 如果硬盘读写时没有异常声响，但是不能进行格式化，即使低格时也不断地报错，这种情况一般是硬盘的________出现了故障。

A. 分区信息　　B. 控制部分

C. 读写部分　　D. 时钟问题

12. 设置主从硬盘时，只要________设置正确，硬盘设备一般不会发生冲突。

A. 接口　　B. 电源

C. 读写　　D. 跳线

13. 硬盘在 BIOS 中能够找到，但是无法正常格式化和使用，硬盘也没有异常声响，产生该故障的原因可能是________。

A. 硬盘出现逻辑坏道　　B. 硬盘出现物理坏道

C. 读写电路出现故障　　D. 0 磁道出现故障

14. 硬盘格式化命令 FORMAT 的参数 Q 的功能是________。

A. 帮助　　B. 快速格式化

C. 慢速格式化　　D. 显示标记

15. 硬盘格式化命令 FORMAT 的参数 T 的功能是________。

A. 帮助　　B. 快速格式化

C. 慢速格式化　　D. 为磁盘指定每面磁道数

16. 对于出现提示信息“HDD Controller Error”的硬盘，大都是由于某种原因造成________。

A. 逻辑坏道　　B. 物理坏道

C. 主引导记录文件受损　　D. 电路损坏

17. 若________受损，计算机会给出提示信息“HDD Controller Error”，说明 0 磁道上有文件损坏，这时依靠格式化不能解决问题，必须用专用软件修复。

A. MBR　　B. BMR

C. RMB　　D. MRB

18. MBR 位于 0 磁道/0 柱面/1 扇区上，由________对硬盘分区时生成。

A. Dm. exe　　B. Format. com

C. ScanDisk. exe　　D. Fdisk. exe

19. 硬盘主引导扇区最后的字节是________，此字节为扇区的有效标志。

A. 22AAH　　B. 33AAH

C. 44AAH　　D. 55AAH

20. 分区表的第四个字节为分区类型值，正常可引导的大于 32 MB 的基本 DOS 分区值为________，而扩展的 DOS 分区值是 05H。

A. 02H　　B. 04H

C. 06H　　D. 08H

21. 分区表的第四个字节为分区类型值，正常可引导的大于 32 MB 的基本 DOS 分区值为 06H，而扩展的 DOS 分区值是________。

A. 02H　　B. 05H

C. 06H　　D. 08H

22. 分区表错误是硬盘的严重错误，如果没有________标志，则计算机无法启动。

A. 逻辑分区　　B. 物理分区

C. 固定分区　　D. 活动分区

23. 从软驱或________引导系统后可对硬盘进行读写操作，并可通过 FDISK 重置活动分区。

A. 光源　　B. 光驱

C. 内存　　D. 电源

24. 分区表的基本 DOS 分区值为 06H，扩展的 DOS 分区值是 05H，可以利用此类型值实现________分区的加密技术。

A. 单个　　B. 双个

C. 多个　　D. 以上都是

25. FAT 表记录的是________。

A. 硬盘数据的存储地址　　B. 分区表的信息
C. 分区大小　　D. 磁盘的存储类型

26. 每一个文件都有一组连接的________链指定其存放的簇地址。
A. FUT　　B. FTA
C. FHT　　D. FAT

27. ________表的损坏意味着文件内容的丢失。
A. FUT　　B. FTA
C. FHT　　D. FAT

28. 硬盘是由一组金属材料为基层的盘片组成，盘片上附着磁性涂层，其中最外面的一圈称为________磁道。
A. 0　　B. 1
C. 第一　　D. 末

29. 硬盘的________磁道记录了硬盘的规格、型号、主引导记录、目录结构等一系列最重要的信息。
A. 3　　B. 2
C. 1　　D. 0

30. 删除操作是指系统在 0 磁道保存的相应文件信息中标注删除________。
A. 内容　　B. 标记
C. 文件　　D. 记录

31. AWARD 的 BIOS 对显卡报警的提示声为________。
A. 连续长鸣　　B. 一长两短
C. 三长两短　　D. 连续短鸣

32. AMI 的 BIOS 对显卡报警的提示声为________。
A. 四短一长　　B. 一长两短
C. 三长两短　　D. 一长八短

33. 显卡分为________显卡和插卡显卡两种。
A. 板载　　B. 板结
C. 插头　　D. 插座

34. 目前最新的插卡显卡接口为________。
A. AGP　　B. ISA
C. PCI　　D. PCI-E

35. 显示器出现花屏，看不清字迹，故障原因一般是由于显示器或显卡不支持________

而造成的。

A. 高分辨率　　B. 高电压

C. 高清晰度　　D. 高电流

36. 显示器出现黑屏，说明显卡控制电路或________发生故障。

A. 显示　　B. 显现

C. 显存　　D. 显影

37. 显卡驱动程序丢失是由于显卡________不佳或显卡与主板不兼容，使得显卡温度升高而造成的。

A. 质检　　B. 质点

C. 质感　　D. 质量

38. 下列选项中，不太可能出现接触不良故障的显卡是________。

A. 集成显卡　　B. PCI 显卡

C. AGP 显卡　　D. PCI-E 显卡

39. 显示器出现花屏，看不清字迹，故障原因一般是由于显示器或显卡________高分辨率而造成的。

A. 不支持　　B. 支持

C. 不成立　　D. 成立

40. 启动黑屏是较常见的故障，大多是由于显卡接触________或显卡损坏造成的，可采用“最小系统法”并结合“替换法”检查维修。

A. 良好　　B. 成功

C. 不良　　D. 不到

41. 计算机显卡起到________和显示器之间的桥梁作用，是人机交流的关键部件，其品质直接影响显示的效果和速度。

A. 硬盘　　B. 计算机主机

C. 键盘　　D. 鼠标

42. 计算机显卡的________直接影响显示的效果和速度。

A. 品质　　B. 品德

C. 品名　　D. 品格

43. 显卡的图形芯片处理完 CPU 送来的数据后，会被输送到________里暂时存储。

A. 主机内存　　B. 硬盘

C. 数据总线　　D. 显存

44. 显卡的“8×1 架构”说明________。

A. 显卡的图形核心具有 8 条像素渲染管线，每条管线具有 1 个纹理贴图单元

B. 显卡的图形核心具有 8 个纹理贴图单元，每个单元具有 1 条像素渲染管线

C. 显卡的图形核心具有 8 条超级流水线，每条流水线具有 1 条像素渲染管线

D. 显卡的图形核心具有 8 条超级流水线，每条流水线具有 1 个纹理贴图单元

45. 显卡的主要部件包括显示芯片、显示内存和________。

A. CAMDAR　　B. CADMAR

C. RMADAC　　D. RAMDAC

46. 目前使用的显卡一般采用 SDRAM、SGRAM、DDR 三种类别的________。

A. 显示器　　B. 显存

C. 显示模式　　D. 显示尺寸

47. 板载显卡显存的容量大小可在________中设置。

A. 设备管理器　　B. 即插即用显示器属性

C. BIOS　　D. 资源管理器

48. 主板上的________可以屏蔽板载显卡的使用。

A. 接口　　B. BIOS

C. CPU　　D. 内存

49. 板载显卡显存的________可在 BIOS 中设置。

A. 类型　　B. 属性

C. 容量大小　　D. 管理器

50. 变换器是把直流电压变换成________，并且起到隔离输出与输入的作用。

A. 脉冲电压　　B. 交变电压

C. 高频交流电压　　D. 低频交流电压

51. 控制电路用于检测输出直流电压，并将其与基准电压相比较，进行________。

A. 调高　　B. 调低

C. 缩小　　D. 放大

52. 当开关电源发生过电压、过电流短路时，保护电路能够使开关电源停止工作，以________负载和电源本身。

A. 保卫　　B. 保护

C. 保守　　D. 保温

53. 开关电源的________部分能够把直流电压变换成高频交流电压，并且起到隔离输出与输入的作用。

A. 保护电路　　B. 变换器

C. 输入电网滤波器　　D. 输入整流滤波器

54. ________是把直流电压变换成高频交流电压，并且起到隔离输出与输入的作用。

A. 变压器　　B. 变速器

C. 变换器　　D. 变频器

55. 开关电源主要包括输入电网滤波器、输入整流滤波器、________、输出整流滤波器、控制电路、保护电路。

A. 变压器　　B. 变速器

C. 变换器　　D. 变频器

56. 下列选项中，属于关机故障的是________。

A. 关机时有一定的延时时间，关机时需要按住电源按钮并保持数秒钟，才能关闭机器

B. 关不了打印机

C. 关不了显示器

D. 主板上的电源监控电路出现故障

57. 如果无法开机，但主板信号和主板开机电路没有损坏，主要原因可能是________损坏。

A. 主板　　B. 开关电源

C. CPU　　D. 内存

58. 如果无法关机，可能是________发生故障。

A. 硬盘　　B. 内存

C. CPU　　D. 主板上的电源监控电路

59. 在 BIOS 设置中将定时开机功能设为“________”，计算机会在所设定的某个日期的某个时刻或每天的某个时刻自动开机。

A. True　　B. Enabled

C. False　　D. Disable

60. 由于 BIOS ________不当出现自动开机现象不是真正的故障。

A. 设置　　B. 设备

C. 设防　　D. 设立

61. 在 BIOS 中关闭了定时开机和来电自动开机功能，计算机只要接通交流电源还会自行开机，这无疑是________发生了故障。

A. 操作系统　　B. 应用软件

C. 软件　　D. 硬件

62. 下列选项中，属于更换电源时需要遵循的原则的是________。

A. 性能要稳定　　B. 选择的电源功率应小于原电源功率

C. 外观尺寸不相同　　D. 电源输出接插件不相同

63. 下列选项中，更换电源方法的第一步是________。

A. 通电试验　　B. 安装新电源

C. 不通电试验　　D. 拆卸原电源

64. 更换电源时，合理的电源电压选择范围是________。

A. 220～300 V　　B. 1 100～2 000 V

C. 90～100 V　　D. 50～100 V

65. 维修时因电源板上有 220 V 电压输入，为了防止触电事故的发生，维修中使用的 220 V 电源最好是________。

A. 恒流电源　　B. 直流电源

C. 隔离电源　　D. 稳压电源

66. 更换电源的方法是先________，然后安装新电源，最后通电试验。

A. 拆卸原电源　　B. 拆卸新电源

C. 隔离电源　　D. 不通电试验

67. 电源熔丝熔断的主要原因是直流滤波和变换振荡电路在高压状态下工作时间太长，________变化相对较大。

A. 电流　　B. 电压

C. 温度　　D. 湿度

68. 电源无直流电压输出或电压输出不稳定，首先用万用表测量系统电路板＋5 V 电源的对地电阻，若大于 0.8 Ω，说明电路板________。

A. 有短路现象　　B. 无短路现象

C. 有断路现象　　D. 无断路现象

69. 一般情况下，电源熔丝熔断的主要原因是直流滤波和变换振荡电路在________状态下工作时间太长，电压变化相对较大。

A. 高压　　B. 低压

C. 高速　　D. 低速

70. 维修中使用的 220 V 电源最好是________电源。

A. 隔开　　B. 隔壁

C. 隔热　　D. 隔离

71. ________的中文意思为“不间断电源”。

A. UPS　　B. GPS

C. PUS　　D. SUP

72. ________可以保障计算机系统在停电之后继续工作一段时间，使得用户能够紧急存盘，避免因停电而影响工作或丢失数据。

A. SUP　　B. GPS

C. PUS　　D. UPS

73. UPS 主要由________、蓄电池、逆变器和静态开关等几部分组成。

A. 整压器　　B. 整流器

C. 整流管　　D. 整合器

74. 一般情况下，半年左右应该给 UPS 测量一下电池的端电压，如果电压超过 1 V 就应该使用均衡的________限流（0.5 A）充电；若不奏效，只能换新电池。

A. 恒压　　B. 变压

C. 跳压　　D. 直压

75. ________是所有电器的天敌，要确保 UPS 的有效屏蔽和接地保护。

A. 电流　　B. 电压

C. 电平　　D. 雷击

76. 蓄电池比较娇贵，要求在 0～30℃的环境中工作，________时效率最高。

A. 15℃　　B. 20℃

C. 25℃　　D. 30℃

77. UPS 蓄电池外接电压一般是________。

A. 90 V　　B. 110 V

C. 220 V　　D. 380 V

78. 能够将化学能和直流电能相互转化且放电后经充电复原可以重复使用的装置是________。

A. 蓄水池　　B. 蓄电池

C. 电流表　　D. 电压表

79. 一般输出 220 V、50 Hz 的单相 UPS，功率大概为 500 W，端电压大概为________。

A. 100 V　　B. 48 V

C. 36 V　　D. 12 V

80. UPS 是一种含有储能装置，以________为主要元件，稳压稳频输出的电源保护设备。

A. 整流器　　B. 蓄电池

C. 逆变器　　D. 静态开关

81. 整流器是一个________装置，简单地说就是将交流电（AC）转化为直流电（DC）的装置。

A. 整压　　B. 整形

C. 整块　　D. 整流

82. 蓄电池是 UPS 用来________电能的装置。

A. 整压　　B. 存储

C. 整块　　D. 整流

83. UPS 在有市电时输出正常，而无市电时蜂鸣器长鸣且无输出，从现象判断可能是________发生故障。

A. 输入电路和逆变器　　B. 蓄电池和输出电路

C. 蓄电池和逆变器　　D. 静态开关和逆变器

84. 蓄电池电压偏低，开机充电十多个小时，蓄电池电压仍充不上去，从现象判断可能是________发生故障。

A. 输入电路和逆变器　　B. 蓄电池和充电电路

C. 蓄电池和逆变器　　D. 静态开关和逆变器

85. UPS 开机后，面板上无任何显示，UPS 不工作，从现象判断可能是________发生故障。

A. 输入电路和逆变器　　B. 蓄电池和充电电路

C. 蓄电池和逆变器　　D. 市电输入及蓄电池电压检测电路

86. 在 UPS 连接市电的情况下，每次打开 UPS，便能听到继电器反复的动作声，UPS 面板电池电压过低、指示灯长亮且蜂鸣器长鸣，从现象判断可能是________。

A. 逆变器发生故障　　B. 输入电路发生故障

C. 输出电路发生故障　　D. 蓄电池电压过低

87. 蓄电池熔丝熔断，说明蓄电池供电流过大，应先检测________。

A. 逆变器是否击穿　　B. 蓄电池电压是否过低

C. 蓄电池充电电路是否正常　　D. 蓄电池电压检测电路是否正常

88. 如果 UPS 只能由市电供电而不能转为逆变供电，应先检测________。

A. 蓄电池电压检测电路是否正常

B. 市电供电向逆变供电转换控制输出是否正常

C. 蓄电池是否良好

D. 蓄电池熔丝是否完好

89. UPS电源更换电池组时必须按________顺序进行。

①插好UPS电源插头，打开UPS电源开关

②拆卸电池组正、负极连接线

③更换同型号电池

④测量UPS电源电压，正常后再连接其他用电设备

⑤关闭UPS电源开关，并拔下UPS电源插头

⑥连接电池组正、负极连接线

⑦关闭所有用电设备，并拔下设备插头

A. ⑤⑦①③⑥②④　　B. ⑦⑤②③⑥①④

C. ⑦⑤②③⑥④①　　D. ⑤⑦②③⑥④①

90. UPS电源的电池组分为________和外置两种。

A. 插座式　　B. 外联式

C. 内联式　　D. 内置

91. 更换电池组时，必须________。

A. 先关闭所有用电设备，再拔下插头

B. 先拆卸电池组正、负极连接线

C. 先安装电池组

D. 先连接电池组正、负极连接线

92. ________是指设备或线路损坏、插头松动、线路受到严重电磁干扰等情况。

A. 逻辑故障　　B. 物理故障

C. 线路故障　　D. 路由故障

93. ________中的一种常见情况就是配置错误，它是由于网络设备配置原因而引起的网络异常或故障。

A. 逻辑故障　　B. 物理故障

C. 线路故障　　D. 路由故障

94. ________的常见情况是线路不通，诊断这种故障可用ping命令检查线路远端的路由器端口是否能够响应，或检测该线路上的流量是否存在。

A. 逻辑故障　　B. 物理故障

C. 线路故障　　D. 路由故障

95. 网络的物理故障不包括________。

A. 服务器故障　　B. 线路损坏

C. 插头松动　　D. 线路受到严重电磁干扰

96. 网络常见逻辑故障是________。

A. 配套工程　　B. 配套技术

C. 配套改革　　D. 配置错误

97. 线路常见故障是________。

A. 配套工程　　B. 线路不通

C. 配套改革　　D. 配置错误

98. ping 127.0.0.1 的作用是________。

A. 检测网线是否断路

B. 检测与路由器是否连接

C. 检测本机的 TCP/IP 协议是否工作正常

D. 查看本地 IP 地址

99. ping 命令通过向计算机发送________回应报文并监听回应报文的返回，以校验与远程计算机或本地计算机的连接。

A. IP　　B. MCIP

C. ICMP　　D. PMIC

100. 要实现给 202.96.105.101 发送一个数据包，且最多记录 9 个路由，可使用命令________。

A. ping -n 1 -r 9 202.96.105.101

B. ping -n 1 -t 9 202.96.105.101

C. ping -n 9 -r 1 202.96.105.101

D. ping -r -n 1 202.96.105.101

101. ________是存储在路由器或者联网计算机中的一个电子表格或数据库文件。

A. 路由表　　B. 路径表

C. 路向表　　D. 访问控制列表

102. 为了完成“路由”的工作，路由器中保存的各种传输路径的相关数据是________。

A. 路向表　　B. 路径表

C. 路由表　　D. 访问控制列表

103. 在路由器中涉及两个有关地址的名词，即静态路由表和________。

A. 路向表　　B. 路径表

C. 路由表　　D. 动态路由表

104. 线路掉线、中断，重启路由器后又可以连上，引起这种故障的原因可能是________。

A. 网络中有过多 DHCP 服务器而引起 IP 地址混乱

B. 路由器与 ISP 的局端设备兼容较好

C. 企业网络没有遭到病毒（如蠕虫病毒等）的入侵

D. 企业路由器的负载过低，表现为路由器 CPU 温度太低、CPU 利用率太高以及内存剩余太少

105. 路由器开机后直接进入 ROMMON 状态，说明系统软件________存在问题。

A. IOC　　B. IOS

C. ISO　　D. SOI

106. 异步通信接口故障的外部原因是________、电话交换机连接质量不佳和调制解调器设置不合理。

A. 拨号链路性能强　　B. 路由器温度过高

C. 拨号链路性能低劣　　D. 协议兼容性不高

107. 更换网卡时，最好将原网卡卸载，否则新网卡的 IP 地址将和原网卡________。

A. 冲突　　B. 兼容

C. 同心　　D. 相隔

108. 更换新的独立网卡时，应该在________中屏蔽主板上坏的集成网卡。

A. 电源　　B. BIOS

C. 显卡　　D. 硬盘

109. 交换机维修主要包括电源维修、接插件维修和________。

A. 插槽维修　　B. 网线维修

C. 控制系统维修　　D. 网卡维修

110. 采用________电源供电的交换机使用开关电源变换器。

A. 220 V　　B. 380 V

C. 520 V　　D. 110 V

111. 笔记本电脑的最小硬件包括________。

①CPU　②内存　③显卡　④主板　⑤液晶显示器　⑥电源

A. ①②③④　　B. ①②④⑤

C. ①②④⑤⑥　　D. ①②③④⑤⑥

112. 利用最小系统法有两种判断思路。一种是________；另一种是反转使用最小系统法，即从当前故障机的配置开始，逐步减少部件，最后至最小系统。

A. 在最小系统配置下，逐步增加部件

B. 在所组成的最小系统配置下，查看故障是否复现

C. 在最小系统配置下，逐步增加软件

D. 在最小系统配置下，逐步增加外设

113. ________是指在满足特定应用的条件下，使用最少的部件配置进行维修判断的方法。

A. 最大系统法　　B. 最低系统法

C. 最小系统法　　D. 最高系统法

114. 笔记本电脑随机性故障的排除以________调整为主。

A. 外设　　B. 内设

C. 软件　　D. 硬件

115. 对于笔记本电脑随机性故障，要在充分的________调试和观察后，在一定的分析基础上进行硬件更换。

A. 软件　　B. 硬件

C. 外设　　D. 内设

116. 新购买的笔记本电脑用软件检测其配置时，________上的每个按键都应工作正常。

A. 内存　　B. 显卡

C. 声卡　　D. 键盘

117. 检查新购买的笔记本电脑背面时，重点应检查________。

A. 液晶　　B. 键盘

C. 电池槽　　D. 外壳

118. 笔记本电脑屏幕预热________ min，是测试屏幕的最佳时间。

A. 3～5　　B. 10～25

C. 20～30　　D. 50～60

119. 用 Ntest 测试屏幕时，不仅要测试屏幕表现能力（如对比度、色彩等），还要看是否有________。

A. 坏点　　B. 亮点

C. 透光点　　D. 暗点

120. 购买笔记本电脑时，要注意检查笔记本电脑的________，可用软件检验显示屏是否有亮点或暗点。

A. 键盘　　B. 显示屏

C. 内存　　D. 硬盘

121. 下列关于笔记本电脑检修与故障判断的说法，不正确的是________。

A. 先机外，后机内　　B. 先电气，后机械

C. 先软件，后硬件　　D. 先清洁，后检修

122. 对于主机不工作或显示器不亮的笔记本电脑，应先检查其________系统，包括机外的一些开关、插座等。

A. 硬盘　　B. 内存

C. 电源　　D. 键盘

123. 由于笔记本电脑组装的特殊性，维修时应先检查其有无装配________故障，再检查其有无电气故障。

A. 硬盘　　B. 机械

C. 电源　　D. 键盘

124. 维修判断总是从最简单的做起，正确的维修思路是________。

①检查主要部件或设备　②软件的设置、安装　③检查扩展部件或设备　④查看外观、连接

A. ④②③①　　B. ④②①③

C. ④③②①　　D. ④①②③

125. 电池充不满电，但又确定电池是好的，故障原因及现象可能是________。

A. 电路提早终止了充电

B. 场效应管和升压电容损坏

C. 芯片外部控制参数损坏

D. 升压电容和场效应管都没有损坏，并且能放电、充电

126. ________是笔记本电脑及配件的心脏，如果不正常，就不可能保证其他部分的正常工作，也就无从检查别的故障。

A. 主板　　B. CPU

C. 电源　　D. 硬盘

127. 检查不能开机的故障，仍然遵循________的原则。

A. 一听二看三检测　　B. 一看二听三检测

C. 一检测二看三听　　D. 以上都不是

128. 检查笔记本电脑主板到显示屏的供电情况时，电压一般为________。

A. 1～4 V　　B. 2～6 V

C. 3～7 V　　D. 4～8 V

129. 显示屏显示不正常，但________正常，应重点检查显示屏接口处的电压。

A. 闪光　　B. 发热

C. 供暖　　D. 供电

三、多项选择题（下列每题有 4 个选项，其中有 2 个或 2 个以上是正确的，请将其代号填写在横线空白处）

1. 逻辑坏道是由于________造成的。
   A. 操作系统　　B. 非正常关机
   C. 软件使用不当　　D. 应用软件
2. 逻辑坏道一般会对________造成较大的危害。
   A. 软件　　B. 硬件
   C. 文件　　D. 内存
3. 磁头距磁盘的间隙属于正常范围的是________。
   A. 0.015 μm　　B. 0.15 μm
   C. 0.025 μm　　D. 0.25 μm
4. 硬盘不断地有坏道出现，其原因是________。
   A. 高速运转　　B. 数据传输量大
   C. 硬盘质量不好　　D. 硬盘供电不正常
5. 操作计算机时，如果遇到________，其原因可能是数据丢失。
   A. 磁盘可用空间变小　　B. 文件找不到
   C. 文件打不开　　D. 文件打开速度慢
6. 硬盘在 BIOS 中能够找到，但却不能启动系统，其主要原因可能是________。
   A. 硬盘的 0 磁道出现错误　　B. 硬盘的分区信息被破坏
   C. 硬盘被加逻辑锁　　D. 硬盘控制电路损坏
7. 在 BIOS 中，有时能够找到硬盘，有时找不到硬盘，其原因可能是________。
   A. 硬盘供电不稳
   B. 主板的 IDE 控制器不正常
   C. 主机超频，造成硬盘的时钟频率过高
   D. 硬盘的数据线和硬盘数据接口发生故障
8. 硬盘格式化的工具或命令有________。
   A. Format　　B. PQ
   C. Dm　　D. Linux
9. 硬盘格式化的类型有________。
   A. FAT　　B. FAT32
   C. NTFS　　D. Linux
10. 若硬盘 0 磁道损坏，可用 Norton 8.0 软件进行修复，进入第三步后，将 Cylinder、

Side、Sector 分别设置成 1、________。

A. 0　　B. 1

C. 2　　D. 3

11. 分区表中有用于记录分区的________地址。

A. 结束　　B. 起始

C. 开关　　D. 终止

12. 在对主引导扇区进行操作时，可利用 Norton Utilities 软件，直接对硬盘主引导扇区进行________。

A. 输入　　B. 输出

C. 读写　　D. 编辑

13. 0 磁道记录了硬盘的________等一系列重要信息。

A. 规格　　B. 型号

C. 主引导记录　　D. 目录结构

14. 显示器电源指示灯亮，但无任何显示，主要原因可能是________。

A. 亮度调整旋钮调至最暗位置

B. 显示器与显卡之间的信号电缆接触不良

C. 显卡接触不良

D. 显卡损坏

15. 在 Windows 系统中，显示器所显示的颜色不正常，原因可能是________。

A. 显卡与显示器信号线接触不良　　B. 显示器自身故障

C. 显示器被磁化　　D. 显卡损坏

16. 由 CPU 送来的数据通过 AGP 或 PCI-E 总线，进入显卡的________进行处理。

A. CPU　　B. GPU

C. VPU　　D. EPU

17. 显示芯片按照功能来说主要有________。

A. 2D　　B. 3D

C. 2D+3D　　D. 4D

18. 通过 BIOS 可以设置板载显卡的________。

A. 显存大小　　B. 显卡位宽

C. 开关　　D. 色彩

19. 开关电源主要包括________，以及控制电路和保护电路。

A. 输入电网滤波器　　B. 输入整流滤波器

C. 变换器　　D. 输出整流滤波器

20. 开关电源应具备________的功能。

A. 输入电网滤波器　　B. 输入整流滤波器

C. 输出整流滤波器　　D. 开关保护

21. 开关电源变换器输出的直流电压有________。

A. ＋12 V　　B. ＋6 V

C. －12 V　　D. －6 V

22. 计算机不能正常关机的现象和原因有________。

A. 电源按钮失灵

B. 主板上的电源监控电路出现故障，PS-ON 信号恒为高电平

C. 关不了打印机

D. 关不了显示器

23. 关闭 BIOS 中的定时开机和来电自动开机功能，计算机只要接通电源还会自动开机，此故障的原因可能是________。

A. 主板的 PS-ON 信号质量较差　　B. 电源本身抗干扰能力较差

C. ＋5 V SB 电压过低　　D. 显示器故障

24. 下列选项中，属于更换电源时需要遵循的原则的是________。

A. 选择的电源功率应大于等于原电源功率

B. 外观尺寸相同

C. 电源输出接插件相同

D. 性能要稳定

25. 下列选项中，属于机箱电源故障的是________。

A. 熔丝熔断　　B. 无直流电压输出或电压输出不稳定

C. 无法关机　　D. 自动开机

26. 电源负载能力差的原因有________。

A. 稳压二极管发热漏电　　B. 整流二极管损坏

C. 高压滤波电容损坏　　D. 晶体管工作点选择不合理

27. UPS 是一种含有储能装置，主要包括________。

A. 整流器　　B. 蓄电池

C. 逆变器　　D. 静态开关

28. UPS 日常注意事项包括________。

A. 尽量不连接电感性负载　　B. 保护好蓄电池

C. 不宜满载或过度轻载　　D. 定期维护

29. 影响 UPS 电池使用寿命的原因有________。

A. 长期未充电　　B. 过度放电

C. 市电经常断开　　D. 电池被连续数天使用

30. 蓄电池按电压控制可分为________。

A. 可程控　　B. 可稳压

C. 不稳压　　D. 可调压

31. UPS 蓄电池电压偏低，但开机充电十多个小时，蓄电池电压仍充不上去，应当检验________。

A. 充电电路输入输出电压是否正常　　B. 计算机主机是否损坏

C. 电池使用寿命是否到期　　D. 计算机的显示是否正常

32. 蓄电池的主要功能有________。

A. 电能转化　　B. 提供电能

C. 放大电能　　D. 缩小电能

33. 整流器的主要功能有________。

A. 电能转化　　B. 提供电能

C. 交流电变直流电　　D. 给蓄电池充电

34. 逆变器功率级的一对功放晶体管损坏，更换同型号晶体管后，运行一段时间又烧坏的原因是电流过大，而引起电流过大的原因有________。

A. 过流保护失效　　B. 脉宽调制（PWM）组件故障

C. 功率管参数相差较大　　D. 输入电路和逆变器损坏

35. 在市电供电正常时开启 UPS，逆变器工作指示灯闪烁，蜂鸣器发出间断叫声，UPS 只能工作在逆变状态，不能转换到市电工作状态，应重点检测________。

A. 市电输入熔丝是否损坏

B. 若市电输入熔丝完好，检查市电整流滤波电路输出是否正常

C. 若市电整流滤波电路输出正常，检查市电检测电路是否正常

D. 若市电检测电路正常，检查逆变供电向市电供电转换控制输出是否正常

36. 蓄电池熔丝熔断，说明蓄电池电流过大，应重点检测________。

A. 逆变器是否击穿　　B. 蓄电池电压是否过低

C. 蓄电池充电电路是否正常　　D. 蓄电池电压检测电路是否正常

37. UPS 只能由市电供电而不能转为逆变供电，应重点检测________。

A. 蓄电池电压检测电路是否正常

B. 市电供电向逆变供电转换控制输出是否正常

C. 蓄电池电压是否过低

D. 蓄电池熔丝是否完好

38. 不间断电源主要维修内容包括________。

A. 更换熔丝　　B. 脉宽调制（PWM）组件故障维修

C. 充电电路故障维修　　D. 检查不间断电源外壳

39. 网络线路不通，常见故障有________。

A. 路由器端口关闭　　B. 连接线路被切断

C. 路由器配置错误　　D. 服务器主机发生故障

40. 根据网络故障的性质可以分为________。

A. 物理故障　　B. 逻辑故障

C. 线路故障　　D. 路由器故障

41. 解决路由循环问题的方法是重新配置路由器端口的________。

A. 直接路由　　B. 间接路由

C. 静态路由　　D. 动态路由

42. 逻辑故障中的一类故障是配置错误，另一类故障是________。

A. 重要进程关闭　　B. 端口关闭

C. 负载过高　　D. 线路被切断

43. ping 命令可用的参数有________。

A. -a　　B. -n

C. -r　　D. -f

44. 路由器的功能包括________。

A. 配置管理　　B. 性能管理

C. 容错管理　　D. 流量控制

45. 网络线路故障可以采用________命令进行测试。

A. ipconfig　　B. ping

C. arp　　D. traceroute

46. 路由器配置错误故障主要表现为________。

A. 配置的协议类型不对　　B. CPU 利用率过高

C. 配置的端口不对　　D. 内存余量太小

47. 路由器故障主要表现为________。

A. CPU 温度过高　　B. CPU 利用率过高

C. 内存余量太小　　D. 端口温度过高

48. 更换旧网卡时，应该考虑的因素包括________。

A. 主板插槽　　B. 网卡传输率

C. 网卡启动芯片　　D. 网卡型号

49. 更换网络设备最好选用同型号的设备，以便于________。

A. 参数配置　　B. 线路连接

C. 设备安装　　D. 扩大带宽

50. 交换机维修主要包括________。

A. 电源维修　　B. 接插件维修

C. 控制系统维修　　D. 协议配置

51. 交换机维修一般按模块进行，交换机主要包括的模块有________。

A. A/D 转换模块　　B. 电源模块

C. 控制模块　　D. 接插件模块

52. 最小系统包括________。

A. 硬件最小系统　　B. 软件最小系统

C. 硬件最大系统　　D. 软件最大系统

53. 计算机硬件最小系统包括________等部分。

A. 电源　　B. 主板

C. CPU　　D. 键盘

54. 笔记本电脑随机性故障的排除以软件调整为主，调整内容包括________。

A. 查杀病毒　　B. 电源管理调整

C. 系统运行环境调整　　D. 磁盘整理

55. 笔记本电脑随机性故障是指________。

A. 硬盘损坏　　B. 随机性死机

C. 随机性报错　　D. 随机性出现不稳定现象

56. 下列选项中，属于笔记本电脑检测流程内容的是________。

A. 包装箱　　B. 机器表面

C. 标准配件　　D. 接口

57. 检测验收笔记本电脑时，能够说明该笔记本电脑存在问题的现象是________。

A. 机器背面的 SN 码与包装箱上的 SN 码一致

B. 电池槽挡板留有指纹痕迹

C. 主板 BIOS 里的第二个 SN 码与包装箱上的 SN 码不一致

D. 电池的充电次数太多

58. 下列选项中，属于笔记本电脑试屏内容的是________。

A. 外观检查　　B. 运行测试软件

C. 检查坏点　　D. 检查漏光

59. 下列选项中，属于笔记本电脑维修时应遵循的“八先八后”原则的是________。

A. 先调查，后熟悉　　B. 先机外，后机内

C. 先机械，后电气　　D. 先软件，后硬件

60. 电池充不满电，但又确定电池是好的，出现该情况的原因可能是________。

A. 电路提早终止了充电　　B. 场效应管和升压电容损坏

C. 芯片内部控制参数损坏　　D. 市电电压过高

61. 笔记本电脑显示屏显示不正常，应该进行检测的内容是________。

A. 检查主板供电到显示屏是否正常　　B. 检查显示屏是否正常

C. 检查屏线接口是否松动　　D. 检查内存

参考答案

一、判断题

1. ×	2. √	3. ×	4. √	5. √	6. ×	7. ×	8. √	9. ×
10. √	11. ×	12. √	13. √	14. ×	15. √	16. ×	17. √	18. ×
19. √	20. √	21. √	22. √	23. ×	24. ×	25. √	26. √	27. √
28. ×	29. √	30. ×	31. √	32. √	33. ×	34. ×	35. √	36. ×
37. √	38. ×	39. √	40. ×	41. ×	42. √	43. ×	44. √	45. √
46. √	47. √	48. ×	49. √	50. √	51. √	52. √	53. ×	54. √
55. √	56. √	57. √	58. ×	59. √	60. √	61. √	62. √	63. √
64. ×	65. √	66. √	67. √	68. ×	69. √	70. √	71. √	72. ×
73. ×	74. √	75. √	76. ×	77. √	78. √	79. √	80. √	81. √
82. √	83. ×	84. √	85. √	86. √	87. √	88. √	89. √	90. ×

二、单项选择题

1. A	2. B	3. C	4. B	5. D	6. A	7. B	8. A	9. D
10. B	11. C	12. D	13. C	14. B	15. D	16. C	17. A	18. D
19. D	20. C	21. B	22. D	23. B	24. A	25. A	26. D	27. D
28. A	29. D	30. B	31. B	32. D	33. A	34. D	35. A	36. C

37. D 38. A 39. A 40. C 41. B 42. A 43. D 44. A 45. D
46. B 47. C 48. B 49. C 50. C 51. D 52. B 53. B 54. C
55. C 56. D 57. B 58. D 59. B 60. A 61. D 62. A 63. D
64. A 65. C 66. A 67. B 68. B 69. A 70. D 71. A 72. D
73. B 74. A 75. D 76. C 77. C 78. B 79. D 80. C 81. D
82. B 83. C 84. B 85. D 86. D 87. A 88. D 89. B 90. D
91. A 92. B 93. A 94. C 95. A 96. D 97. B 98. C 99. C
100. A 101. A 102. C 103. D 104. A 105. B 106. C 107. A 108. B
109. C 110. A 111. D 112. B 113. C 114. C 115. A 116. D 117. C
118. C 119. A 120. B 121. B 122. C 123. B 124. A 125. A 126. C
127. B 128. A 129. D

三、多项选择题

1. BC 2. AC 3. AC 4. CD 5. BC
6. ABCD 7. ABCD 8. ABC 9. ABC 10. AB
11. BD 12. CD 13. ABCD 14. ABCD 15. ABCD
16. BC 17. ABC 18. ACD 19. ABCD 20. ABCD
21. AC 22. AB 23. ABC 24. ABCD 25. ABCD
26. ABCD 27. ABCD 28. ABCD 29. AB 30. BC
31. AC 32. AB 33. CD 34. ABC 35. ABCD
36. ABCD 37. ABC 38. ABC 39. ABC 40. AB
41. CD 42. ABC 43. ABCD 44. ABCD 45. BD
46. AC 47. ABC 48. ABCD 49. ABC 50. ABC
51. BCD 52. AB 53. ABC 54. ABCD 55. BCD
56. ABCD 57. BCD 58. ABCD 59. ABCD 60. ABC
61. ABC

第 6 章　数据备份与恢复

考 核 要 点

理论知识考核范围	考核要点	重要程度
系统备份规范	1. 备份重要性	掌握
	2. 备份存储设备	掌握
	3. 备份权限	掌握
	4. 备份存储设置	掌握
数据备份与数据验证	1. 备份类型	掌握
	2. Active Directory	熟悉
	3. 文件服务器	掌握
数据库容灾技术	1. 容灾类型	掌握
	2. 容灾特点	掌握
	3. 容灾技术	掌握
	4. 容灾法规	掌握
	5. 备份策略	掌握
	6. 备份内容	掌握
	7. 备份频率	掌握
	8. 备份介质	掌握

辅导练习题

一、判断题（下列判断正确的请在括号内打“√”，错误的请在括号内打“×”）

1. 随着科学技术的迅猛发展，计算机网络系统中保存的数据量越来越大，许多数据要保存应用数十年以上，甚至是永久性保存。（　　）

2. 如果硬盘中的原始数据不小心被擦除，或者因为硬盘故障而无法访问，则硬盘中的数据不能还原。（　　）

3. 如果选择通过硬盘进行备份，则要确保该硬盘与主硬盘隔离开，以防主硬盘故障带来的影响。（　　）

4. 通过硬盘驱动器进行备份非常简便，能够对火灾或地震所导致的数据丢失进行保护。（ ）

5. 本地计算机 Administrators 或 Backup Operators 组的成员，可以备份本地计算机上本地组范围内的任意文件和文件夹。（ ）

6. 备份文件和文件夹时不需要特定的用户权限。（ ）

7. 一个卷上存储的阴影副本达到 64 个限制时，最早的阴影副本将被删除，无法再被检索到。（ ）

8. 确定分配多少存储空间用于存储阴影副本时，必须忽略正在复制的文件大小和数量以及副本变化的频率。（ ）

9. 差异备份是指备份上一次完全备份后发生变化的所有文件。（ ）

10. 文件或文件组备份是对组成数据库的数据文件的备份。（ ）

11. 备份 Active Directory 目录服务，是为了确保在违反安全并导致 Active Directory 损坏或崩溃的情况下，能够恢复 Active Directory 数据。（ ）

12. 在第一次将服务器投入运行时或者系统进行较大改动前后（如软硬件升级），应使用备份功能创建自动系统恢复（ASR）集。（ ）

13. 文件服务器加强了存储器的功能，复杂化了网络数据的管理。（ ）

14. 还原大型目录时，将会给文件服务器带来很繁重的负载，并可能导致删除其早期版本。（ ）

15. 本地容灾、近距离容灾和远距离容灾，三者能够容忍的灾难是不同的，所采用的容灾技术也是不同的。（ ）

16. 灾难发生前，应将应用系统迅速切换至备用系统，由备用系统承担生产系统的业务运行。（ ）

17. 异地数据冷备份易于实现，但在灾难发生时数据的丢失量大，并且系统需要很长的恢复时间，无法保持业务的连续性。（ ）

18. 异地数据热备份是指在异地建立一个热备份中心，采取同步或者异步方式，通过网络将生产系统的数据备份到备用系统中。（ ）

19. RAID1 容灾系统的恢复速度是最慢的。（ ）

20.《国家信息化领导小组关于加强信息安全保障工作的意见》中强调了信息网络和信息系统的容灾及灾难恢复工作的重要性，要求不断制订和完善信息安全应急处理预案。

（ ）

21. 针对重要信息的灾难恢复工作，我国于 2006 年 4 月由国务院信息化办公室颁布了《重要信息系统灾难恢复方案》。（ ）

22. 彻底测试备份和恢复过程有助于确保用户从各种故障中恢复所需的备份，并且当真正的故障发生时可以快速平稳地执行恢复过程。　（　　）

23. 备份与恢复是互不联系的，备份与恢复不应结合起来考虑。　（　　）

24. 非关键数据通常能够很容易地通过其他来源重新创建，可以不备份。　（　　）

25. 关键数据是用户的重要数据，容易重新创建，可以不对其进行完全备份。　（　　）

26. 采用不同的数据库备份方法，备份频率可能不同。　（　　）

27. 如果采用局部数据库备份，通常备份频率应低一些；如果采用差异备份，事务日志的备份频率就应高一些。　（　　）

28. 进行备份前，应先创建备份设备。　（　　）

29. 备份设备是用来存储备份内容的存储介质。　（　　）

二、单项选择题（下列每题有 4 个选项，其中只有 1 个是正确的，请将其代号填写在横线空白处）

1. 做好备份工作有助于在服务器或________发生故障时保护数据，防止重要数据意外丢失。

A. 客户机　　B. 存储器介质
C. 多媒体介质　　D. 硬盘

2. 在计算机网络系统中，服务器相当重要，服务器里存储着有关网络配置、________、服务设置等大量的重要数据，一旦瘫痪，后果很严重。

A. 系统配置　　B. 数据配置
C. 主板配置　　D. 显卡配置

3. 随着科学技术的迅猛发展，计算机网络系统中保存的数据量越来越大，关键业务数据成为企业生存的命脉和宝贵的资源，________问题越来越突出。

A. 数据检索性　　B. 数据安全性
C. 数据交换性　　D. 数据压缩性

4. 如果选择通过硬盘进行备份，则要确保该硬盘与________隔离开，以防主硬盘故障带来的影响。

A. 备份硬盘　　B. 其他硬盘
C. 主硬盘　　D. 次硬盘

5. ________域控制器组的成员，可以备份本地计算机上本地组范围内的任意文件和文件夹。

A. Administrators　　B. Guests
C. ASR　　D. Users

6. 备份文件和文件夹拥有读取、________、更改或完全控制等权限。

A. 共享　　B. 读取和执行

C. 执行　　D. 以上都不是

7. ________组的成员，能够对域内任何拥有双向信任关系的计算机上的任意文件和文件夹进行备份。

A. Backup Operators　　B. Guests

C. Administrator　　D. Everyone

8. 确定分配多少存储空间用于存储阴影副本时，必须考虑正在复制的文件________和数量以及副本变化的频率。

A. 多少　　B. 长度

C. 格式　　D. 大小

9. 默认情况下，阴影副本存储于源卷。如果服务器上具有________驱动器，应使用另一个磁盘上的独立的卷来存储阴影副本。

A. 一个　　B. 两个

C. 多个　　D. 无限个

10. 默认存储空间为源卷（正在复制的卷）的________。

A. 10%　　B. 20%

C. 30%　　D. 40%

11. ________是对数据库自前一个完全备份后改动部分的备份。

A. 差异备份　　B. 每日备份

C. 正常备份　　D. 副本备份

12. ________是对数据库整体的备份。

A. 差异备份　　B. 每日备份

C. 正常备份　　D. 完全备份

13. ________是对数据库事务日志的备份。

A. 差异备份　　B. 事务日志备份

C. 正常备份　　D. 完全备份

14. 可以通过执行________来备份 Active Directory。

A. 备份状态备份　　B. 系统状态备份

C. 操作状态备份　　D. 恢复状态备份

15. 备份 Active Directory 目录服务时，应以________身份登录。

A. Administrator　　B. Guest

C. ASR　　D. Everyone

16. 备份 Active Directory 目录服务时，以 Administrator 身份登录域控制器后，执行________命令打开备份向导。

A. ntlookup　　B. ntstatic

C. ntbackup　　D. ntok

17. 在文件服务器上启用共享文件夹卷影复制功能时，将提取共享文件和文件夹内容的________。

A. 特照　　B. 慢照

C. 快照　　D. 径照

18. ________是一种器件，其功能是向服务器提供文件。

A. 文件服务器　　B. 网络服务器

C. 电子邮件服务器　　D. 后备服务器

19. 从容灾的范围讲，容灾可以分为________、近距离容灾和远距离容灾。

A. 数据容灾　　B. 本地容灾

C. 应用容灾　　D. 系统容灾

20. 从容灾的层次讲，容灾可以分为数据容灾和________。

A. 内部容灾　　B. 本地容灾

C. 应用容灾　　D. 系统容灾

21. ________是指建立一个备用数据系统，该备用系统对生产系统的关键数据进行备份。

A. 数据容灾　　B. 本地容灾

C. 应用容灾　　D. 系统容灾

22. 根据容灾系统中数据的丢失程度、生产系统和备用系统的距离，以及灾难恢复计划的状态等因素，公认的容灾划分为________个级别。

A. 1　　B. 2

C. 3　　D. 4

23. 容灾等级是根据容灾系统中数据的丢失程度、生产系统和备用系统的距离，以及灾难恢复计划的状态等因素划分的，其中配置最复杂、成本最高的是________。

A. 本地容灾　　B. 异地数据冷备份

C. 异地数据热备份　　D. 异地应用级容灾

24. 容灾等级是根据容灾系统中数据的丢失程度、生产系统和备用系统的距离，以及灾难恢复计划的状态等因素划分的，其中成本低、易于实现的是________。

A. 本地容灾　　　　　　　　　　　　B. 异地数据冷备份

C. 异地数据热备份　　　　　　　　　D. 异地应用级容灾

25. 一个容灾系统中实现________和应用容灾的技术是不同的。

A. 远程容灾　　　　　　　　　　　　B. 本地容灾

C. 数据容灾　　　　　　　　　　　　D. 系统容灾

26. ________是将系统数据或应用在本地备份，无异地后援。

A. 远程容灾　　　　　　　　　　　　B. 本地容灾

C. 数据容灾　　　　　　　　　　　　D. 系统容灾

27. ________是将系统数据备份到物理介质（磁盘、磁带或光盘）上，然后送到异地进行保存。

A. 异地容灾　　　　　　　　　　　　B. 本地容灾

C. 数据容灾　　　　　　　　　　　　D. 系统容灾

28. 我国于________年4月由国务院信息化办公室颁布了《重要信息系统灾难恢复方案》。

A. 2005　　　　　　　　　　　　　　B. 2004

C. 2003　　　　　　　　　　　　　　D. 2002

29. 世界性容灾法规主要参考________信息安全管理体系标准。

A. BS7797　　　　　　　　　　　　　B. BS7798

C. BS7799　　　　　　　　　　　　　D. BS7800

30. ________分为两个部分，第一部分是信息安全管理实践指南，第二部分是信息安全管理体系规范。

A. BS7796　　　　　　　　　　　　　B. BS7797

C. BS7798　　　　　　　　　　　　　D. BS7799

31. 以________代价恢复数据是设计备份策略的原则。

A. 最大　　　　　　　　　　　　　　B. 最慢

C. 最快　　　　　　　　　　　　　　D. 最小

32. ________有助于确保用户从各种故障中恢复所需的备份，并且当真正的故障发生时可以快速平稳地执行恢复过程。

A. 测试备份策略　　　　　　　　　　B. 彻底测试备份策略

C. 彻底测试备份和恢复过程　　　　　D. 彻底测试策略

33. 备份是数据库管理一项非常重要的工作，数据库何时被破坏以及会遭到怎样的破坏是不可预测的，因此必须制定详细的________。

A. 恢复策略　　B. 计划策略

C. 备份策略　　D. 目标策略

34. 数据库需备份的内容可分为________和用户数据库两部分。

A. 软件数据库　　B. 文件数据库

C. 系统数据库　　D. 专用数据库

35. 数据库中数据的重要程度决定了数据恢复的________与重要性。

A. 必要性　　B. 必然性

C. 必无性　　D. 必有性

36. 通常用户数据库中的数据依其________可分为非关键数据和关键数据。

A. 必要性　　B. 必然性

C. 必无性　　D. 重要性

37. 确定备份频率主要考虑两个因素：一是系统恢复的________；二是系统执行的事务量。

A. 工作点　　B. 工作量

C. 工作区　　D. 工作

38. ________即相隔多长时间进行备份。

A. 备份频率　　B. 备份速度

C. 备份效率　　D. 备份工作量

39. 如果系统环境为________处理，则应当经常备份数据库。

A. 关机事务　　B. 备份事务

C. 联机事务　　D. 恢复事务

40. ________是用来存储备份内容的存储介质。

A. 备份设备　　B. 客户备份

C. 本地备份　　D. 远程备份

41. ________是目前常用的备份介质。

A. 软盘　　B. 硬盘

C. 光盘　　D. 磁带

42. 备份设备在硬盘中是以________形式存在的。

A. 数据　　B. 文件夹

C. 文件　　D. 字符

三、多项选择题（下列每题有 4 个选项，其中有 2 个或 2 个以上是正确的，请将其代号填写在横线空白处）

1. 在计算机网络系统中，服务器相当重要，服务器里存储着有关________等大量的重要数据，一旦瘫痪，后果很严重。

A. 网络配置　　B. 系统配置

C. 服务设置　　D. 显卡配置

2. 下列选项中，属于创建服务器备份之前应考虑的内容的是________。

A. 选择备份存储类型　　B. 选择备份计划

C. 确定备份权限　　D. 创建自动系统恢复集

3. 备份文件和文件夹必须拥有的权限包括________。

A. 读取　　B. 读取和执行

C. 更改　　D. 完全控制

4. 本地计算机________组的成员，可以备份本地计算机上本地组范围内的任意文件和文件夹。

A. Backup Operators　　B. Guests

C. Administrators　　D. Users

5. 确定分配多少存储空间用于存储阴影副本时，必须考虑正在复制的文件________。

A. 大小　　B. 数量

C. 格式　　D. 创建时间

6. 下列选项中，属于数据备份类型的是________。

A. 完全备份　　B. 差异备份

C. 事务日志备份　　D. 文件或文件组备份

7. 下列选项中，不属于数据备份类型的是________。

A. 差异备份　　B. 每日备份

C. 正常备份　　D. 副本备份

8. 打开 Active Directory 目录备份工具时，向导模式类型有________。

A. 备份向导　　B. 还原向导

C. 自动系统恢复向导　　D. 恢复向导

9. 本地计算机________组的成员，可以对 Active Directory 目录服务进行备份。

A. Domain Admins　　B. Guests

C. Administrators　　D. Users

10. 下列选项中，属于文件服务器特点的是________。

A. 改善了系统的性能　　B. 提高了数据的可用性

C. 减轻了管理的复杂程度　　D. 降低了运营费用

11. 下列选项中，属于文件服务器与数据库服务器区别的是________。

A. 文件服务器建立在磁盘服务器的基础上

B. 数据库服务器是指运行在局域网中的一台或多台服务器上的数据库管理系统软件

C. 数据库服务器提供查询、更新、事务管理、索引、高速缓存、查询优化、安全及多用户存取控制等服务

D. 文件服务器就是共享文件的服务器，可以通过网上邻居访问

12. 从容灾的范围讲，容灾可以分为________。

A. 本地容灾　　B. 近距离容灾

C. 远距离容灾　　D. 系统容灾

13. 从容灾的层次讲，容灾可以分为________。

A. 内部容灾　　B. 数据容灾

C. 应用容灾　　D. 系统容灾

14. 根据容灾系统中数据的丢失程度、生产系统和备用系统的距离，以及灾难恢复计划的状态等因素，容灾等级划分为________。

A. 本地容灾　　B. 异地数据冷备份

C. 异地数据热备份　　D. 异地应用级容灾

15. Master 记录了有关 SQL Server 2000 系统和用户数据库的________。

A. 系统错误信息　　B. 用户账户

C. 环境变量　　D. 数据字典

16. 确定备份频率的主要因素是________。

A. 系统恢复的工作点　　B. 系统恢复的工作量

C. 系统执行的事务量　　D. 系统执行工作

参考答案

一、判断题

1. √　2. ×　3. √　4. ×　5. √　6. ×　7. √　8. ×　9. √
10. √　11. √　12. √　13. ×　14. √　15. √　16. ×　17. √　18. √
19. ×　20. √　21. ×　22. √　23. ×　24. √　25. ×　26. √　27. ×
28. √　29. √

二、单项选择题

1. B　2. A　3. B　4. C　5. A　6. B　7. A　8. D　9. C

10. A　11. A　12. D　13. B　14. B　15. A　16. C　17. C　18. A
19. B　20. C　21. A　22. D　23. D　24. B　25. C　26. B　27. A
28. A　29. C　30. D　31. D　32. C　33. C　34. C　35. A　36. D
37. B　38. A　39. C　40. A　41. B　42. C

三、多项选择题

1. ABC　2. ABCD　3. ABCD　4. AC　5. AB
6. ABCD　7. BCD　8. ABC　9. AC　10. ABCD
11. ABCD　12. ABC　13. BC　14. ABCD　15. ABCD
16. BC

第 7 章　仪器仪表与工具的使用

考 核 要 点

理论知识考核范围	考核要点	重要程度
示波器工作原理	1. 示波器分类	掌握
	2. 垂直偏转因数	掌握
	3. 示波器扫描方式	掌握
示波器操作要点	1. 示波器故障与维护	掌握
	2. 输入耦合方式	掌握
BIOS 读写器操作要点	1. BIOS 的功能	掌握
	2. BIOS 编程器	掌握
BIOS 读写器维护	1. 芯片电压	掌握
	2. BIOS 读写器的操作	掌握
BGA 焊接设备操作要点	1. BGA 封装	掌握
	2. BGA 焊接操作	掌握
BGA 焊接设备维护	BGA 焊接设备维护	掌握
硬盘超洁静间的特点与主要技术指标	1. 硬盘超洁净间的特点	掌握
	2. 硬盘超洁净间的主要技术指标	掌握
硬盘超洁静间的使用	磁头与盘片的距离	掌握

辅导练习题

一、判断题（下列判断正确的请在括号内打"√"，错误的请在括号内打"×"）

1. 根据示波器的性能和结构，可将示波器分为单踪示波器和双踪示波器。（　）

2. 一般情况下，示波器荧光屏的水平方向指示时间，垂直方向指示电压。（　）

3. 对示波器进行时基微调，需要顺时针旋转"微调"旋钮。（　）

4. 对示波器的垂直偏转因数按钮进行微调后，荧光屏显示值与波段开关指示值是一致的。（　）

5. 当无触发信号输入或者触发信号频率低于 50 Hz 时，示波器的扫描为自激方式。（　）

6. 示波器单次扫描方式下，按单次按钮时扫描电路复位，此时准备灯（Ready）亮。单次扫描结束后，准备灯继续亮着。（　）

7. 示波器每次开机前，要把辉度调节旋钮逆时针转到底后，再闭合电源开关。（　）

8. 使用示波器时，把荧光屏的辉度调得越大越亮越好。（　）

9. 当触发信号的频率较低或者触发信号的占空比很大时，示波器使用直流耦合较好。（　）

10. 当触发信号超过由旋钮设定的触发电平时，示波器的扫描即被触发。顺时针旋转电平调节旋钮，触发电平上升；逆时针旋转电平调节旋钮，触发电平下降。（　）

11. BIOS 中的文件若损坏会造成计算机不能够正常启动，解决的办法只有使用 BIOS 芯片编程器重写 BIOS 中的文件。（　）

12. BOIS 负责开机时对系统各硬件进行初始化设置和测试，以保证系统能够正常工作。（　）

13. B001 多功能编程器支持目前多数主板上的 BIOS 芯片，是一款性价比非常高的编程器。（　）

14. 编程器通过数据线与计算机连接，无须外接电源，直接使用计算机电源。（　）

15. EPROM 属于双电压芯片，即存在不同的工作电压和擦写电压。（　）

16. Flash ROM 是真正的单电压芯片，即读和写操作都是采用相同的电压，因此成为 CIH 病毒攻击的主要目标。（　）

17. BIOS 编程器在重写 BIOS 芯片时，不必关闭后台运行的杀毒软件、实时监控等程序。（　）

18. 读写 BIOS 时，如果 BIOS 芯片装反，不会烧坏芯片，只是无法读写数据而已。（　）

19. BGA 封装占用基板面积较小，能够极大地提高集成电路的集成度；在相同的面积上，能够使内存的存储量提高 4～5 倍。（　）

20. 内存采用 BGA 封装的主要目的是提高内存的存储容量，降低制造成本。（　）

21. 在 BGA 锡球和 PCB 焊盘上不要放太多的助焊剂，如果助焊剂过多，加温时会因为松香产生过多的气泡而使芯片移位。（　）

22. 进行 BGA 焊接时，热风枪的气流风压过大会引起芯片焊接短路问题。（　）

23. BGA 焊接完成后，可以使用任何清洁剂擦拭设备表面。（　）

24. BGA 焊接设备的安装、调试及故障排除应由专业技术人员负责完成，严禁自行拆

除设备零部件或更改原有安装位置。（　）

25. 在硬盘生产过程中，盘片只能暴露在低于 1 000 级的超洁净间中，基本为无尘状态，这样才能保证硬盘长期稳定运行。（　）

26. 100 级的洁净间大于等于 5 μm 的尘粒数量小于等于 100 粒/m^3。（　）

27. 硬盘找不到并伴随“咔啦咔啦”的异响，可以初步判定为磁头故障。（　）

28. 1 000 级的洁净间大于等于 5 μm 的尘粒数量小于等于 1 000 粒/m^3。（　）

29. 硬盘超洁净间对于灰尘的控制非常严格，在使用洁净间时需要采取严格的防尘和除尘措施。（　）

30. 硬盘的工作原理是利用特定的磁粒子的极性记录数据，磁头在读取数据时，将磁粒子的不同极性转换成不同的电脉冲信号，再利用数据转换器将这些原始信号转换成计算机可以使用的数据。（　）

二、单项选择题（下列每题有 4 个选项，其中只有 1 个是正确的，请将其代号填写在横线空白处）

1. 根据示波器的性能和结构，可将示波器分为通用示波器、多束示波器、________、存储示波器和专用示波器。

A. 取样示波器　　B. 数字示波器

C. 双踪示波器　　D. 单踪示波器

2. 通用示波器的频率一般为________。

A. 20～30 MHz　　B. 20～40 MHz

C. 30～40 MHz　　D. 30～50 MHz

3. 荧光屏是示波管的显示部分，屏幕上水平方向和垂直方向各有多条刻度线，水平方向和垂直方向各分为________格。

A. 8、10　　B. 5、10

C. 10、5　　D. 10、8

4. 示波器在单位输入信号作用下，光点在屏幕 Y 轴方向上偏移的距离为偏移灵敏度，灵敏度的倒数称为________。

A. 水平偏转因数　　B. 上下偏转因数

C. 垂直偏转因数　　D. 左右偏转因数

5. 对示波器进行时基微调，“微调”旋钮需要从校准位置________旋转。

A. 上下　　B. 左右

C. 顺时针　　D. 逆时针

6. 许多示波器具有垂直扩展功能。如果波段开关指示的偏转因数是 1 V/DIV，采用×5

扩展状态时，垂直偏转因数是________。

A. 0.2 V/DIV　　B. 0.5 V/DIV
C. 1 V/DIV　　D. 5 V/DIV

7. 示波器采用“常态”扫描方式，利用________触发扫描。

A. 自激信号　　B. 输入信号
C. 输出信号　　D. 基准信号

8. 在数字电路实验中，判断一个脉宽较窄的单脉冲是否发生，用________最简单。

A. 示波器　　B. 逻辑分析仪
C. 逻辑笔　　D. 数字万用表

9. 在数字电路实验中，测量单脉冲脉宽时，用________更好一些。

A. 示波器　　B. 逻辑分析仪
C. 逻辑笔　　D. 数字万用表

10. 示波器水平扫描不足时，可给扫描仪注入标准信号加以观察，若此时线性良好，还需检查扫描电容是否完好；若此时线性不良，一般是由于________性能不良所致。

A. 震荡电阻　　B. 震荡电容
C. 震荡电感　　D. 震荡管

11. 示波器开机无光点且电源指示灯和标尺照明灯不亮，一般先检查电源熔丝，看是否已经烧毁，待换掉电源熔丝后再进行检查，若再次烧毁熔丝，那么故障部位是________。

A. 电源变压器及其外围电阻　　B. 滤波电容
C. 整流二极管　　D. 稳压管

12. 通用示波器电源电压应限制在________的范围内才能使用。

A. 220 V±10%　　B. 220 V±20%
C. 220 V±30%　　D. 220 V±40%

13. 在数字电路实验中，示波器一般选择________方式，以便观测信号的绝对电压值。

A. GND 耦合　　B. AC 耦合
C. DC 耦合　　D. OV 输入耦合

14. 示波器触发源的选择有三种：内触发（INT）、外触发（EXT）和________。

A. CH1 触发　　B. 电源触发（LINE）
C. CH2 触发　　D. 双通道触发

15. 当需要高频信号用于示波器触发电路时，可供选择的触发方式是________。

A. LFR 触发　　B. HFR 触发
C. TV 触发　　D. DC 触发

16. BIOS 的功能不包括________。

A. 系统引导　　B. 程序服务请求

C. 中断服务程序　　D. 硬件自检及初始化程序

17. BIOS 程序一般写在相应板卡的存储器中，下列寄存器不能作为 BIOS 程序载体的是________。

A. EEPROM　　B. Flash ROM

C. EPROM　　D. RAM

18. ________是计算机系统软件与硬件之间的一个可编程接口，用于计算机软硬件的衔接。

A. 系统引导　　B. 程序服务请求

C. BIOS 中断服务程序　　D. 硬件自检及初始化程序

19. BIOS 编程器通过________与计算机连接。

A. 软驱　　B. EDI 口

C. 并口　　D. 串口

20. 为了节省空间，BIOS 芯片通常采用________封装。

A. BGA　　B. TSOP

C. DIP　　D. PLCC

21. B001 多功能编程器采用________对 BIOS 芯片进行擦写。

A. 红外光　　B. 紫外光

C. 电信号　　D. 激光

22. B001 多功能编程器可以支持 51 系列单片机的全型号编程器，支持________电压。

A. 1 V 和 2 V　　B. 2.5 V 和 2.8 V

C. 2.9 V 和 3.3 V　　D. 9 V 和 12 V

23. Flash ROM 在进行读写操作时，需要执行专用的刷新程序。在写入数据时，以________为最小单位。

A. bit　　B. Byte

C. Sector　　D. bps

24. Flash ROM 在进行读写操作时，需要执行专用的刷新程序。在删除数据时，以________为基本单位。

A. bit　　B. Byte

C. Sector　　D. bps

25. BIOS 芯片插入 BIOS 编程器的 DIP 插座中时，芯片缺口部分应该对应插座的

________。

A. 把手所在一侧　　B. 把手所在对侧

C. 把手所在位置　　D. 把手对角线位置

26. 一般情况下，BIOS 芯片是可以升级或刷新的。下列选项中，BIOS 芯片可以直接升级或刷新的情况是________。

A. BIOS 芯片被烧毁

B. BIOS 芯片数据丢失

C. BIOS 芯片数据过旧

D. BIOS 芯片在刷新过程中因断电而造成损坏

27. BIOS 编程器与计算机相连的接口主要有两种，其中速度最快的是________。

A. 火线口　　B. USB 口

C. 并口　　D. 串口

28. BGA 封装能够在较小的面积上极大地提高集成电路的集成度，在相同的面积上，能够使内存的存储容量提高________倍。

A. 1～2　　B. 2～3

C. 4～5　　D. 5～6

29. 球栅阵列封装是目前大部分芯片采用的封装形式。下列选项中，属于该封装形式的英文简称是________。

A. BGA　　B. TSOP

C. DIP　　D. PLCC

30. 采用 BGA 封装的芯片，管脚位于封装的________。

A. 一边　　B. 两边

C. 四周　　D. 底部

31. BGA 加热回流焊接，设置参数为 170℃-140 s、230℃-45 s、230℃-15 s。如果 PCB 板的峰值温度达到________时就可进行焊接。

A. 170～220℃　　B. 170～230℃

C. 220～230℃　　D. 230℃以上

32. BGA 器件进行重新植球有两种方法，一种是植球器植球法，另一种是________。

A. 漏引固化法　　B. 焊枪直接焊接法

C. 模板印焊法　　D. 胶水粘贴法

33. SMT 回流焊接温度曲线仪通过________与 PC 机连接。

A. 并口　　B. RS-232 口

C. USB 口　　D. RJ45 口

34. BGA 焊接设备属于精密焊接设备，清洁其光学对中系统镜面，应使用________进行擦拭，避免划伤镜面，影响图像质量。

A. 湿巾　　B. 抹布蘸清水

C. 专用镜头纸　　D. 棉布

35. BGA 焊接设备的安装、调试及故障排除应由________负责完成，严禁自行拆除设备零部件或更改原有安装位置。

A. 测试人员　　B. 专业技术人员

C. 任意操作者　　D. 工程师

36. BGA 焊接设备进行调试和焊接操作过程中，可用________取放 PCB 板及器件。

A. 镊子　　B. 老虎钳

C. 胶钳　　D. 手

37. 在硬盘生产过程中，盘片只能暴露在低于________级的超洁净间中，基本为无尘状态，这样才能保证硬盘长期稳定运行。

A. 100　　B. 200

C. 1 000　　D. 2 000

38. 发生物理故障的硬盘维修前一般要求在洁净间进行数据修复（备份），洁净间等级不应低于________级，否则会影响修复效果。

A. 100　　B. 1 000

C. 10 000　　D. 100 000

39. 100 级的洁净间大于等于 5 μm 的尘粒数量为________。

A. 0　　B. ≤100 粒/m^3

C. ≤300 粒/m^3　　D. ≤3 000 粒/m^3

40. 硬盘维修是为了修复数据，其洁净间标准可适当降低，但其洁净间等级不应低于________级，否则会影响修复效果。

A. 100　　B. 1 000

C. 10 000　　D. 100 000

41. 为了保证洁净间的洁净等级，维修人员进入洁净间之前，应打开洁净间的净化机对洁净间自净________ min。

A. 30～50　　B. 30～40

C. 20～40　　D. 20～30

42. 在维修人员进入硬盘超洁净间之前，必须经过________除尘处理，防止把微粒带入洁净间。

A. 强力水淋　　B. 酒精消毒

C. 雨淋　　D. 风淋

43. 硬盘磁头在读取数据时距离硬盘盘片只有________ μm 左右，故微小灰尘在高速状态下会对硬盘盘面造成非常大的不可逆转的损坏。

A. 30　　B. 40

C. 50　　D. 60

44. ________技术的精髓是“密封、固定并高速旋转的镀磁盘片，磁头沿盘片径向移动”。

A. 曼彻斯特　　B. 温彻斯特

C. IBM　　D. 希捷

45. 硬盘工作期间，磁头悬浮于盘片上面；硬盘不工作时，磁头停留在________。

A. 盘片最里面　　B. 盘片最外面

C. 盘片以外的地方　　D. 启停区

三、多项选择题（下列每题有 4 个选项，其中有 2 个或 2 个以上是正确的，请将其代号填写在横线空白处）

1. 下列选项中，属于通用示波器的是________。

A. 单踪示波器　　B. 单模示波器

C. 跟踪示波器　　D. 双踪示波器

2. 根据示波器的性能和结构，可将示波器分为________和专用示波器。

A. 存储示波器　　B. 多束示波器

C. 取样示波器　　D. 通用示波器

3. 双踪示波器中每个通道各有一个垂直偏转因数选择波段开关，该开关一般按________顺序分为 10 挡。

A. 1　　B. 2

C. 3　　D. 5

4. 许多示波器前面板上的位移（Position）旋钮能________调节信号波形在荧光屏上的位置。

A. 水平　　B. 垂直

C. 旋转　　D. 翻转

5. 示波器的扫描方式分为________。

A. 多次　　B. 单次

C. 自动　　D. 常态

6. 单次扫描用于观测________，往往需要对波形进行拍照。

A. 周期信号　　B. 非周期信号

C. 单次瞬变信号　　D. 多次瞬变信号

7. 示波器的常见故障有________。

A. 无光点显示　　B. 光点显示不可调

C. 无扫描　　D. 水平扫描不足

8. 示波器接通电源开关，电源指示灯亮，荧光屏上有亮点，但没有扫描线，此故障的原因可能是________。

A. “X 增益”设置太小　　B. 扫描发生器电路工作失常

C. 扫描电路开关接触不良　　D. 水平位移打偏

9. 双踪示波器的输入通道一般有________。

A. 通道 1（CH1）　　B. 通道 2（CH2）

C. 通道 Z（CHZ）　　D. 双通道（DUAL）

10. 示波器的输入耦合方式有________。

A. 直流　　B. TV 输入

C. 交流　　D. 地

11. BIOS 是 Basic Input and Output System 的缩写，程序一般写在相应板卡的存储器中，下列寄存器可作为 BIOS 程序载体的是________。

A. EEPROM　　B. Flash ROM

C. PROM　　D. RAM

12. BIOS 的功能有________。

A. 系统引导　　B. 程序服务请求

C. 中断服务程序　　D. 硬件自检及初始化程序

13. 芯片的封装形式有很多，BIOS 芯片一般采用________封装。

A. BGA　　B. TSOP

C. DIP　　D. PLCC

14. B001 多功能编程器支持目前大部分 BIOS 芯片，它所支持的 BIOS 芯片的封装形式有________。

A. BGA　　B. TSOP

C. DIP　　D. PLCC

15. B001 多功能编程器支持 400 多种器件，可以支持 51 系列单片机的全型号编程器，支持________电压。

A. 2.5 V　　B. 2.9 V

C. 3.3 V　　D. 6 V

16. Flash ROM 是目前广泛使用的 BIOS 芯片，在进行读写操作时，需要执行专用的刷新程序。对 Flash ROM 进行写入数据或删除数据操作时，分别以________为最小单位。

A. bit　　B. Byte

C. Sector　　D. bps

17. 一般情况下，BIOS 芯片是可以升级或刷新的。下列选项中，BIOS 芯片不能直接升级或刷新的情况是________。

A. BIOS 芯片被烧毁

B. BIOS 芯片因静电原因而损坏

C. BIOS 芯片数据丢失

D. BIOS 芯片在刷新过程中因断电而造成损坏

18. BIOS 编程器重写 BIOS 芯片时，必须关闭________程序，以保证写入速率和写入准确性。

A. 杀毒软件　　B. 实时监控

C. 后台打印服务　　D. CPU 降温

19. BGA 封装的具体类型有________。

A. PBGA　　B. CBGA

C. TBGA　　D. FCBGA

20. SMD-IR BGA 焊接机主要由________等部分组成。

A. 焊接主机　　B. 显示控制箱

C. 液晶显示器　　D. 计算机

21. BGA 封装有其固有特性，在进行 BGA 封装时要注意的问题有________。

A. 防止超温损坏　　B. 防止静电积聚损坏

C. 热风焊接的风流及压力　　D. 市电稳定性

22. BGA 维修的成败，很大程度上取决于________。

A. 植锡工具　　B. 热风枪

C. 焊锡质量　　D. 操作者的熟练程度

23. 清洁 BGA 焊接设备的光学对中系统镜面，绝对不能使用________进行擦拭。

A. 湿巾　　B. 抹布蘸清水

C. 专用镜头纸　　D. 棉布

24. BGA 元件安装在笔记本电脑主板上，除了利用锡球焊接 PCB 外，还在 BGA 和 PCB 之间的缝隙中注入强力胶水进行加固，可以使用的胶水有________。

A. 醚类粘胶　　B. 纤维粘胶

C. 环氧树脂粘胶　　D. 聚酯粘胶

25. 以每立方米空气中大于一定直径灰尘的数量为依据，洁净间可以划分的等级有________。

A. 100 级　　B. 1 000 级

C. 10 000 级　　D. 100 000 级

26. 硬盘维修时首先要修复数据，虽然不需要长时间运行，但如果硬盘的洁净间等级为________，可能会影响修复效果。

A. 100 级　　B. 1 000 级

C. 10 000 级　　D. 100 000 级

27. 在硬盘生产过程中，盘片只能暴露在低于 100 级的洁净间中，俗称“100 级洁净间”，该洁净间里大于 0.5 μm 的尘粒数量属于合理范围的有________。

A. 50 粒/m^3　　B. 100 粒/m^3

C. 500 粒/m^3　　D. 1 000 粒/m^3

28. 100 级洁净间里大于 0.5 μm 的尘粒数量是有限制的，属于合理范围的有________。

A. 500 粒/m^3　　B. 1 000 粒/m^3

C. 3 000 粒/m^3　　D. 5 000 粒/m^3

29. 硬盘的故障有很多，有些使用维修软件可以修复，有些需要更换零部件。下列故障必须在超洁净间里才能进行修复的是________。

A. 硬盘异响　　B. 盘片轻微划伤

C. 控制电路故障　　D. 接口故障

30. 硬盘超洁净间的作用是在________时提供一个洁净、可以安全拆装硬盘的场所。

A. 装配硬盘　　B. 测试硬盘

C. 维修硬盘　　D. 恢复数据

参考答案

一、判断题

1. ×　2. √　3. ×　4. ×　5. √　6. ×　7. √　8. ×　9. √

10. √　11. √　12. √　13. √　14. √　15. √　16. √　17. ×　18. ×

19. × 20. √ 21. √ 22. √ 23. × 24. √ 25. × 26. × 27. √
28. × 29. √ 30. √

二、单项选择题

1. A 2. B 3. D 4. C 5. D 6. A 7. B 8. C 9. B
10. D 11. A 12. A 13. C 14. B 15. A 16. A 17. D 18. C
19. C 20. D 21. C 22. C 23. B 24. C 25. A 26. C 27. B
28. B 29. A 30. D 31. C 32. A 33. B 34. C 35. B 36. A
37. A 38. B 39. A 40. B 41. C 42. D 43. C 44. B 45. D

三、多项选择题

1. AD 2. ABCD 3. ABD 4. AB 5. BCD
6. BC 7. ABCD 8. ABC 9. ABD 10. ACD
11. AB 12. BCD 13. BCD 14. CD 15. BC
16. BC 17. ABCD 18. ABCD 19. ABCD 20. ABCD
21. ABC 22. ABD 23. ABD 24. ACD 25. ABCD
26. CD 27. AB 28. ABC 29. AB 30. ACD

第8章 片级维修

考核要点

理论知识考核范围	考核要点	重要程度
计算机冷却系统工作原理	1. 风冷散热系统及安装	掌握
	2. 液冷散热系统及安装	掌握
	3. 热管散热系统及安装	掌握
	4. 其他散热系统及安装	掌握
	5. 注意事项	掌握
电路板修补	1. 电路板故障类型	掌握
	2. 电路板断路故障修复	掌握
笔记本电脑硬盘维修	1. 硬盘故障预防	掌握
	2. 硬盘损坏	掌握
	3. 硬盘过热	掌握
	4. 硬盘故障维修	掌握
笔记本电脑光驱维修	1. 光驱保养	掌握
	2. 光驱故障维修	掌握
笔记本电脑主板维修	1. 主板故障类型	掌握
	2. 主板故障维修	掌握
笔记本电脑内存维修	1. 内存类型	掌握
	2. 内存维修	掌握
激光打印机部件维修	1. 激光打印机工作原理	掌握
	2. 激光打印机接口类型	掌握
	3. 激光打印机故障类型	掌握
	4. 激光打印机故障维修	掌握
激光发生器工作原理	1. 激光发生器的组成	掌握
	2. 激光功率的测量	掌握
扩展卡电路维修	扩展卡电路维修	掌握
扩展卡芯片维修	1. 芯片的封装	掌握
	2. 芯片的更换	掌握

续表

理论知识考核范围	考核要点	重要程度
硬盘固件信息存储原理	1. 硬盘固件	掌握
	2. 硬盘固件及相关软件的使用	掌握
高级数据恢复工具与使用技巧	1. 硬盘数据丢失的原因	掌握
	2. 硬盘数据恢复工具的使用	掌握

辅导练习题

一、判断题（下列判断正确的请在括号内打“√”，错误的请在括号内打“×”）

1. 风冷散热系统是普遍使用的散热方式，属于主动式散热。（ ）

2. 风冷散热系统的核心部件是风扇和散热片，其中风扇的降温效果取决于风扇的转速、扇叶形状和轴承系统。（ ）

3. 导热硅脂是一种加入导热填料的油脂状硅酮材料，其作用是提高热量的传递效率。（ ）

4. 液冷散热系统由水泵、导管、接头、水箱、散热底座和散热片等构成，散热底座起到吸热和传导作用，而水泵的作用是使水箱中的水强制对流散热。（ ）

5. 热管散热器的重量主要分担在 CPU 上，另一小部分通过主板背面的承力支架分担在整个主板上。（ ）

6. 热管散热器一般采用铝和铜及其组合作为散热材料，其中纯铜材质的散热效果最好。（ ）

7. 半导体散热技术的一个致命缺陷是会出现冷端越冷、热端越热的现象，并由此在冷端结霜，进而形成水滴，对系统构成威胁。（ ）

8. 液氮散热系统是一种极好的散热设备，其安装需要一些专业安装设备和安装工艺。（ ）

9. 导热硅脂是一种加入导热填料的油脂状硅酮材料，当温度达到 200℃ 以上时，其导热作用将会失效。（ ）

10. 软件降温利用 CPU“空闲挂起”指令进行工作，从而实现了 CPU 的降温及功耗的降低。（ ）

11. 如果电路板上的某些元器件由于过高的电压而出现烧坏、击穿等故障，只需更换相应的元器件即可。（ ）

12. 维修电路板时，首先要对损坏的电路板进行故障的初步分析，相同的故障现象一定

会有相同的故障原因。（　）

13. 梁引线技术的优点在于提高内引线焊接效率和实现高可靠性连接，并且出现焊点不良时可以进行修补。（　）

14. 元器件故障的解决办法只有一个，就是更换损坏的元器件。（　）

15. 拆取硬盘时应握住硬盘的侧面，而不要挤压硬盘驱动器顶部和底部。（　）

16. 笔记本电脑进行频繁的重启，对硬盘数据没有影响，不会造成硬盘的伺服系统故障。（　）

17. 硬盘主引导程序是用于检测硬盘分区的正确性以及确定活动分区，并将引导权交给活动分区的操作系统。如果这段程序遭到破坏，系统将无法从引导区引导。（　）

18. 笔记本电脑不能启动，显示出错信息“Invalid partition table”后死机，或显示“PRESS A KEY TO REBOOT”后等待重新启动。该故障原因是硬盘的分区表中没有可引导分区或可引导分区标志错误。（　）

19. 硬盘温度过热，也会产生系统死机、蓝屏等现象，但不会造成硬盘损坏。（　）

20. 室内温度 35℃，硬盘温度超过 70℃，笔记本电脑一般不能正常工作，甚至会自动关机。（　）

21. 检查笔记本电脑硬盘是否完好，可以采用 Windows 系统自带的 Fdisk 进行扫描。（　）

22. 用户误删除笔记本电脑硬盘中的数据，可以立即使用 EasyRecovery 进行修复，找回被误删除的数据。（　）

23. 光电管及聚焦透镜的清洁，一般用棉花蘸少量酒精擦拭即可。（　）

24. 光驱用久了，激光头会老化，调整激光头功率时，首先用色笔标记其初始位置，然后旋转激光头组件侧面的小电位器，幅度为 5°～10°。（　）

25. 光驱不能读取碟片信息，并在每一次读盘时都能听到“嚓嚓”的摩擦声，然后指示灯熄灭。产生该现象的原因可能是激光头故障或传动故障。（　）

26. 一个新光驱无法使用，只能是连线不正确及跳线设置错误，与其他原因无关。（　）

27. 笔记本电脑主板的时钟发生器损坏，属于局部性故障。（　）

28. 由于 I/O 插槽变形，造成显卡与该插槽接触不良，使显示内容呈变化不定的错误状态，该故障属于不稳定性故障。（　）

29. 使用软件诊断法测试主板故障，只要进行单次测试，即可准确找出故障所在。（　）

30. 测量主板电源＋5 V 与地（GND）之间的电阻值，若正反向阻值很小或接近导通，

就说明有短路发生。（ ）

31. 笔记本电脑内存条的 SPD 芯片是一枚采用 SOIC 封装形式的 8 针 EEPROM，容量为 256 字节。（ ）

32. 某笔记本电脑使用的内存条型号是 Kingston DDR2 667，则该内存条的带宽为 10.5 GB/s。（ ）

33. 使用 2B 铅笔维修脱落的内存金手指时，不要将铅笔的炭渍涂抹到其他金手指处，以防短路。（ ）

34. 某笔记本电脑使用的内存条型号是 Kingston DDR2 667，则该内存条的带宽为 5.3 GB/s。（ ）

35. 黑白激光打印机与彩色激光打印机结构虽然有所不同，但它们的基本工作原理是相同的。（ ）

36. 激光打印机是将激光扫描技术和电子显像技术相结合的击打式输出设备。（ ）

37. USB 1.1 接口高速方式的传输速率为 12 MB/s，低速方式的传输速率为 1.5 MB/s。（ ）

38. USB 接口支持热插拔，而且传输速率较高，目前 USB 接口是打印机的主流接口。（ ）

39. 检查激光打印机接口电路板上的几个针脚是否能够正常工作，可以使用万用表测量其电阻，若阻值为 0 或者较小，那么可以肯定该针脚没有正常工作。（ ）

40. 激光打印机开机正常，发出打印指令后不执行任何操作。引起该故障的原因可能是打印机的驱动程序出现故障。（ ）

41. 激光打印机打印的内容偏到一边，而另一边留出空白。该故障的原因通常是输纸辊磨损严重或较脏，使打印纸不能平稳地前进。（ ）

42. 激光打印机进行打印操作时，在纸样上出现不规则的划痕，或深或浅并带有一定的规律性（十几厘米重复一次）。产生这种现象的原因是走纸系统受损。（ ）

43. 激光过滤装置有 5%过滤、80%过滤、100%过滤三个位置，分别表示 5%、80%、100%的激光功率被过滤掉。（ ）

44. 激光打印机正常打印时，激光功率不超过 20 MW，激光的辐射量极小。（ ）

45. 激光打印机正常打印时，激光功率为 12 MW，此时仅有 5%的激光过滤。（ ）

46. 测量激光打印机的原状激光功率时，功率计的引线接数字毫伏表，如果数值在 200～280 mV 之间，表示激光发生器是完好的。（ ）

47. 相同故障的电路板，一定具有相同的故障点，采用相同的维修方法。（ ）

48. 在检测扩展卡电路上的 CMOS 系列元器件时，必须做好防静电工作，否则元器件

易被击穿损坏。　　　　（　　）

49. Intel 酷睿 2 双核 CPU 封装形式为 FCBGA，该封装形式也普遍用于主板南北桥和图形芯片 GPU 的封装。　　　　（　　）

50. 采用 CSP 封装的 IC 芯片，尺寸边长小于等于芯片的 1.4 倍，面积不超过晶粒(Die) 的 1.2 倍。　　　　（　　）

51. 使用芯片起拔器时，可以借助其他物件把芯片“扳”起来，不会影响芯片针脚。　　　　（　　）

52. 在使用热风枪对芯片加热的同时，一般使用红外线在主板下对主板加热，以避免由于芯片过分受热而使主板发生严重变形。　　　　（　　）

53. 如果物理坏道只发生在负磁道上，那么硬盘的修复成功率会很高。　　　　（　　）

54. 固件的存储不需要电源来维持，但需要使用专门的软件或工具才可读取。　　　　（　　）

55. PC-3000 通过破解各种型号硬盘专用 CPU 的指令集，解读各种硬盘的 Firmware (固件)，实现硬盘内部参数模块读写和硬盘程序模块的调用，最终达到修复多种硬盘缺陷的目的。　　　　（　　）

56. 不同品牌的硬盘，其固件是相同的。　　　　（　　）

57. 恢复数据工具是利用硬盘的内部软件来管理硬盘，并进行硬盘原始资料的改变和修复。　　　　（　　）

58. 目前大部分硬盘都有一定的防震保护功能，一般不容易损坏。用户错误操作是造成硬盘数据丢失的唯一原因。　　　　（　　）

59. EasyRecovery 只能恢复 NTFS 分区上被删除的文件，支持 Windows 2000/XP/NT 系统，可以恢复格式化后的分区文件，但是无法恢复被格式化后的分区。　　　　（　　）

60. FinalData 2.0 虽然强大，但是不能从被覆盖的数据和碎片文件中把原数据完全恢复，也不能从物理损坏的硬盘中恢复信息。　　　　（　　）

二、单项选择题（下列每题有 4 个选项，其中只有 1 个是正确的，请将其代号填写在横线空白处）

1. 风冷散热系统的核心部件是风扇和散热片，其中散热片起到传导热量的作用，而风扇则使散热片周围的空气实现对流，起到________作用。

A. 绝对风冷　　　　B. 绝对对流

C. 强制风冷　　　　D. 强制对流

2. 风冷散热系统有很多优点，下列选项中，不属于该系统优点的是________。

A. 价格相对较低　　　　B. 安装简单

C. 散热效率高　　　　D. 更换容易

3. 目前风冷散热系统主要使用螺钉进行固定，在安装时使用螺钉旋具拧紧 4 枚螺钉的正确操作是________。

A. 按排列顺序逐一拧紧 4 枚螺钉　　B. 按排列顺序轮流拧紧 4 枚螺钉

C. 按对角线逐一拧紧 4 枚螺钉　　D. 按对角线轮流拧紧 4 枚螺钉

4. 下列选项中，可能会对人体有所伤害的制冷系统是________。

A. 风冷　　B. 液氮

C. 热管　　D. 半导体散热

5. 计算机的冷却系统有很多类型，下列选项中，效率最高的是________。

A. 风冷　　B. 热管

C. 液氮　　D. 半导体散热

6. 霜凝现象就是在散热器的冷端结霜，并容易形成水滴，对系统会构成极大的威胁。下列散热系统中，会产生该现象的是________。

A. 风冷　　B. 热管

C. 液氮　　D. 半导体散热

7. 热管散热系统由热量输入端、导热管和热量输出端等部分组成，其中最关键、最影响散热效果的是________。

A. 吸热端　　B. 导热管

C. 风扇　　D. 散热端

8. 导热管内部装有低沸点的液体（如酒精），靠近 CPU 的一端称为________段，靠近散热部分的一端称为冷凝段。

A. 蒸发　　B. 导热

C. 吸热　　D. 散热

9. 导热管内部液体完成一次散热动作，需要经过吸热、蒸发、移动、散热、________等五个步骤。

A. 升华　　B. 冷凝

C. 汽化　　D. 液化

10. 半导体散热技术利用了法国科学家帕尔贴发现的热电致冷/致热现象，即________。

A. 热电偶效应　　B. 金属温差电逆效应

C. 半导体散热效应　　D. 电子制冷效应

11. 半导体制冷片的功率较普通风冷散热系统大，一般为________，因此需要安装一个大功率的电源。

A. 36～50 W　　B. 40～50 W

C. 36～40 W　　D. 30～40 W

12. ________利用 CPU"空闲挂起"指令进行工作，从而实现了 CPU 的降温及功耗的降低。该技术占用约 1%～3%的系统资源，使 CPU 下降 1～10℃。

A. 风冷降温　　B. 热管降温

C. 系统降温　　D. 软件降温

13. 安装散热器时，必须在散热器与 CPU 接触的部分涂上________，以使热量能够顺利、快速地向上传导。

A. 导热硅脂　　B. 硅胶

C. 树脂　　D. 牛油

14. 若风扇方向安装错误，可能会造成主板元器件的损坏。置顶风扇一般________吹风。

A. 向上　　B. 向下

C. 上下　　D. 无法确定

15. 安装液氮散热系统，要注意防漏和防止________。

A. 松动　　B. 霜凝

C. 冻伤　　D. 防寒

16. 电路板发生故障的主要原因是元器件故障和________。

A. 电压不稳定　　B. 电路板断路

C. 温度过高　　D. 电磁干扰

17. 检测电路板上的元器件是否损坏，下列选项中，可以不采用的方法是________。

A. 观察元器件外观　　B. 嗅闻有无烧焦的味道

C. 检测元器件　　D. 代替法测试

18. 20 世纪 60 年代 IBM 公司开发了倒装芯片法，主要用于________的断路故障修复。

A. 数字电路　　B. 半导体集成电路

C. 厚膜电路　　D. 薄膜电路

19. 如果电路板时好时坏，特别是系统运行不正常时将故障电路板拔下来再插一次就好了，但持续不了多长时间，同样故障又重新出现。下列选项中，不属于该电路板可能的故障原因的是________。

A. 市电电压过低　　B. 市电电压过高

C. 开关电位器故障　　D. 电源波纹过大

20. 下列选项中，________极易形成导致焊点机械强度减弱的"紫斑"缺陷。

A. 丝材热压键合　　B. 丝材超声波键合

C. 倒装芯片法　　D. 梁引线技术

21. 对于要求长寿命和高可靠性的系统电路板发生断路故障，其修复方法是________。

A. 丝材热压键合　　B. 丝材超声波键合

C. 倒装芯片法　　D. 梁引线技术

22. 笔记本电脑需关机________min后重起，以使硬盘完全停转后再次转动，否则可能造成硬盘伺服系统过早老化，甚至受到损坏。

A. 1　　B. 2

C. 3　　D. 5

23. 硬盘是笔记本电脑重要而敏感的部件，造成物理损坏的原因一般是________。

A. 操作错误　　B. 摇动或震动

C. 格式化　　D. 操作不当

24. 使用笔记本电脑时，________是保护硬盘不受损伤的最重要环节。

A. 不随意挪动机器　　B. 减少错误操作

C. 稳定的工作状态　　D. 较低的温度

25. 系统无法从硬盘引导，但是可以从软驱或者光驱引导，并且能够对硬盘进行读写操作，此故障的原因可能是________。

A. 硬盘损坏　　B. 引导文件损坏

C. 系统文件丢失　　D. 光驱损坏

26. BIOS自检时出现“HDD Controller Failure”提示，而硬盘没有异响，此故障的原因可能是________。

A. 硬盘损坏　　B. 引导文件损坏

C. BIOS设置错误　　D. IDE电缆线接触不良或者接反

27. BIOS自检时硬盘有异响，此故障的原因可能是________。

A. 硬盘或磁头损坏　　B. 电路损坏

C. BIOS设置错误　　D. 硬盘控制芯片损坏

28. 笔记本电脑使用3～4 h后会自动重起，重起工作1 h后出现蓝屏，此故障的原因可能是________。

A. 光驱问题　　B. 内存问题

C. 硬盘问题　　D. CPU问题

29. 为防止笔记本电脑硬盘过热，保证其工作正常，正确的做法是________。

A. 少存数据　　B. 每月做一次碎片整理

C. 多玩游戏　　D. 尽量多打开一些应用程序

30. 笔记本电脑硬盘电路积尘，硬盘温度容易________，甚至出现漏电或烧坏元件现象，严重影响其安全。

A. 升高　　B. 下降
C. 不变　　D. 时高时低

31. 误删除笔记本电脑硬盘数据，可以使用________进行修复。

A. EasyRecovery　　B. Fdisk
C. Scandisk　　D. Chkdsk

32. ________程序只是重新改写了硬盘主引导扇区（0 柱面 0 磁道 1 扇区）中的内容，即硬盘分区表中的信息，而原来的数据没有改变。

A. EasyRecovery　　B. Fdisk
C. ScanDisk　　D. Chkdsk

33. 硬盘目录表损坏会造成大量文件的丢失，可以使用________进行修复。

A. Dm　　B. Fdisk
C. ScanDisk　　D. Format

34. 光驱用久了，激光头会老化，调整激光头功率时，首先用色笔标记其初始位置，然后旋转激光头组件侧面的小电位器，幅度为________。

A. 1°～3°　　B. 3°～5°
C. 5°～8°　　D. 5°～10°

35. 光电管及聚焦透镜的清洁，一般用棉花蘸少量________擦拭即可。

A. 酒精　　B. 清洁剂
C. 蒸馏水　　D. 天拿水

36. 激光头的使用寿命实际上就是光驱的使用寿命，下列选项中，对延长光驱使用寿命起反作用的是________。

A. 保持光驱、光盘清洁　　B. 少用盗版光盘，多用正版光盘
C. 保持光驱垂直放置　　D. 养成关机前及时取盘的习惯

37. 笔记本电脑的光驱不断弹出，此故障的原因可能是________。

A. 激光头损坏　　B. 系统感染病毒
C. 光驱损坏　　D. BIOS 设置错误

38. 光驱无法正常读盘，屏幕上显示“驱动器 X 上没有磁盘，插入磁盘再试”或“CDR101：NOT READY READING DRIVE X ABORT. RETRY. FALL?”，偶尔进出盒几次也都读盘，但不久又不读盘，此故障的原因可能是________。

A. 传动故障　　B. 电路板故障

C. 盘片质量问题　　D. 激光头功率过小

39. 进出盒正常，但放入光盘后光驱首先有几次加速读盘现象（从声音上判断出来），然后一直高速旋转读盘，但仍读不出信息，此故障的原因可能是________。

A. 传动故障　　B. 进给电机故障

C. 电路板故障　　D. 激光头故障

40. 系统上电自检时出错，导致系统死机，对笔记本电脑的影响是非常大的，该故障属于________。

A. 关联性故障　　B. 致命性故障

C. 局部性故障　　D. 非致命性故障

41. ________是由于元器件功能失效、电路断（短）路而引起，其故障现象稳定重复出现。

A. 稳定性故障　　B. 不稳定性故障

C. 局部性故障　　D. 全局性故障

42. 笔记本电脑主板故障根据影响程度不同可分为独立性故障和________。

A. 关联性故障　　B. 相关性故障

C. 局部性故障　　D. 全局性故障

43. 确定故障发生在主板或 I/O 设备上的简捷方法是________。

A. 观察法　　B. 电阻、电压测量法

C. 拔插交换法　　D. 软件诊断法

44. 如果主板电源+5 V 与地（GND）之间的电阻值正反向都很小或接近导通，说明有短路发生。短路原因一般有三种，一是主板有被击穿的芯片，二是主板有损坏的________，三是主板上有导电杂物。

A. 二极管　　B. 电阻电容

C. 稳压管　　D. 电感

45. 使用软件诊断法测试主板故障，必须进行________测试，才能准确找出故障所在。

A. 单次　　B. 两次

C. 多次　　D. 无数次

46. 笔记本电脑内存比台式机内存要小一些，内存上有________个缺口。

A. 1　　B. 2

C. 3　　D. 4

47. SPD 芯片具有________引脚，容量为 256 字节，芯片里记录了内存的生产厂商、品牌、工作频率、工作电压、速度、容量等参数。

A. 4 针　　B. 8 针

C. 12 针　　D. 16 针

48. 笔记本电脑内存条的故障一般出现在________上。

A. 内存颗粒　　B. 金手指

C. 电阻　　D. 电容

49. 如果笔记本电脑内存的金手指脱落，可用________在脱落处涂抹修复。

A. 铅笔　　B. 油笔

C. 钢笔　　D. 水性笔

50. 笔记本电脑内存容量值与内存条实际内存大小不符、内存工作出现异常，此故障的原因可能是________。

A. 硬件冲突　　B. 感染病毒

C. CMOS 内存设置错误　　D. 内存损坏

51. 笔记本电脑开机时发出连续不断的报警声，主机不能正常启动，此故障的原因可能是________。

A. CPU 损坏　　B. 显卡松动

C. 内存松动　　D. 主板故障

52. 激光打印机的大部分工序是围绕________进行的。

A. 激光扫描器　　B. 反射棱镜

C. 感光鼓　　D. 热转印单元

53. 下列选项中，属于击打式打印机的是________。

A. 针式打印机　　B. 激光打印机

C. 喷墨打印机　　D. 激光一体机

54. 激光打印机定影成形过程中，加热部件通过一定范围的高温将碳粉熔化。目前加热部件主要有两种形式：陶瓷加热和________。

A. 激光加热　　B. 灯管加热

C. 电热丝加热　　D. 电阻发热加热

55. USB 2.0 High Speed 的传输速度是________。

A. 1.5 Mbps　　B. 12 Mbps

C. 60 Mbps　　D. 480 Mbps

56. 并行接口简称为“并口”，是一种增强型双向并行传输接口，其最高传输速度是________。

A. 1.5 Mbps　　B. 1.6 Mbps

C. 1.7 Mbps　　D. 1.8 Mbps

57. 激光打印机采用USB接口与计算机相连，该连线最长不能超过________。

A. 2 m　　B. 5 m

C. 10 m　　D. 100 m

58. 激光打印机开机正常，发出打印指令后不执行任何操作，此故障的原因可能是________。

A. 电源故障　　B. 驱动故障

C. 机械故障　　D. 电路故障

59. 激光打印机打印时纸上大部分区域变黑，中间出现水平条纹，此故障的原因可能是________。

A. 光导纤维损坏　　B. 碳粉盒故障

C. 感光鼓传动部件损坏　　D. 充电电极损坏

60. 激光打印机通电后，没有输纸辊转动的声音，也不能完成打印操作，此故障的原因可能是________。

A. 电源故障　　B. 驱动故障

C. 输纸机构故障　　D. 电路故障

61. 激光打印机开机后，打印机通电指示灯亮，但是没有任何反应，发出打印指令后不执行任何操作，此故障的原因可能是________。

A. 电源故障　　B. 驱动故障

C. 机械故障　　D. 电路故障

62. 激光打印机刚加满碳粉，可是打印出的样张全黑，此故障的原因可能是________。

A. 激光扫描系统故障　　B. 控制电路故障

C. 感光鼓传动部件损坏　　D. 充电电极损坏

63. 激光打印机通电后自检，显示打印机正常，可是打印文件时出现乱码现象，此故障的原因可能是________。

A. 电源故障　　B. 驱动故障

C. 输纸机构故障　　D. 电路故障

64. 取下激光打印头盖板，进行激光功率设定的部件是________。

A. AO调制器　　B. 激光过滤装置

C. 波束控制卡　　D. 波束检测镜

65. 激光发生器是激光打印机的重要部件，它能够产生________进行激光扫描。

A. 红外光　　B. 紫外光

C. 单色光　　　　D. 白色光

66. 目前市场上销售的激光打印机一般采用________作为光源。

A. 氖气体激光器　　　　B. 半导体激光器

C. 氦气体激光器　　　　D. 氦-氖气体激光器

67. 原状激光功率测量的目的是________。

A. 调节过滤装置　　　　B. 判断激光发生器好坏

C. 调节 AO 调制器　　　　D. 调节激光功率

68. 激光打印机正常打印时，激光功率为 12 MW，过滤装置一般设为________过滤。

A. 5%　　　　B. 20%

C. 80%　　　　D. 100%

69. 扫描激光功率的大小可以通过调节________正面上的调节螺钉来获得。

A. AO 调制器　　　　B. 激光过滤装置

C. AO 驱动器　　　　D. 波束检测镜

70. 维修扩展卡电路需要示波器等测量仪器，下列选项中，不属于扩展卡电路维修所需要的测量仪器的是________。

A. 频率计　　　　B. 数字万用表

C. 短路追踪仪　　　　D. 主板故障测试卡

71. 检测扩展卡电路时发现某个电阻或电容损坏，一般不需要用到的维修工具是________。

A. 吸锡器　　　　B. 防静电手套

C. 电烙铁　　　　D. 镊子

72. 在维修扩展卡电路上的 CMOS 系列元器件时，使用电烙铁速度一定要快，不能进行长时间焊接。另外，还要做好防________工作，以免元器件击穿损坏。

A. 高温　　　　B. 高压

C. 静电　　　　D. 短路

73. 绝大多数中小规模集成电路（IC）的引脚数不超过 100 个，采用的封装形式是________。

A. DIP　　　　B. BGA

C. PLCC　　　　D. MCM

74. 以 PFP（Plastic Flat Package）方式封装的芯片与 PQFP 方式基本相同，唯一的区别是 PQFP 一般为________。

A. 长方形　　　　B. 正方形

C. 菱形　　D. 三角形

75. Intel 系列 CPU 中，80486 和 Pentium、Pentium Pro 均采用________封装形式，该封装具有以下特点：插拔操作方便，可靠性高，可适应更高的频率。

A. DIP　　B. BGA

C. PLCC　　D. PGA

76. 用 BGA 焊接机取下 BGA 封装的芯片的温度大概为________左右。

A. 260℃　　B. 270℃

C. 280℃　　D. 290℃

77. PLCC 封装，外形呈正方形，________脚封装，四周都有管脚，与 DIP 封装相比，具有外形尺寸小、可靠性高等优点。

A. 16　　B. 32

C. 48　　D. 64

78. 焊油有利于焊锡的流动，可以实现更好的焊接效果，避免产生虚焊，其主要成分是________。

A. 硅脂　　B. 酒精

C. 松香　　D. 氯化锌

79. ________存储于设备的 EEPROM 芯片中，可由用户通过特定的刷新程序进行升级。

A. 固件　　B. 组件

C. 内键　　D. 外键

80. 固件通常使用________编写记录厂家信息。

A. C 语言　　B. 汇编语言

C. BASIC 语言　　D. Cobol 语言

81. 硬盘固件部分保存在硬盘电路板的芯片中，部分保存在硬盘的________。

A. 末磁道　　B. 负磁道

C. 0 磁道　　D. 1 磁道

82. PC-3000 是由________著名硬盘实验室研究开发的专业修复硬盘的综合工具。

A. 美国　　B. 俄罗斯

C. 日本　　D. 中国

83. Maxtor 美钻、金钻、星钻系列硬盘加电后不能被正确识别，无磁头杂音，该故障的排除方法是________。

A. 更换硬盘　　B. 重写内部微码模块

C. 恢复出厂设置　　D. 格式化

84. 使用 PC-3000 软件进行硬盘修复，有可能修复________的缺陷硬盘。

A. 60%～80%　　B. 50%～80%

C. 50%～60%　　D. 40%～61%

85. 把数据库由故障状态转变为无故障状态的过程称为________。

A. 备份　　B. 拷贝

C. 恢复　　D. 转移

86. 某服务器采用下列策略备份数据。星期日：完全备份；星期一至星期六：差异备份。该服务器的硬盘在星期六下午 2:15 损坏，则首先需要恢复________的数据。

A. 星期二　　B. 星期四

C. 星期六　　D. 星期日

87. 某服务器采用下列策略备份数据。星期日：完全备份；星期一至星期六：差异备份。该服务器的硬盘在星期六下午 2:16 损坏，则最后需要恢复________的数据。

A. 星期二　　B. 星期四

C. 星期六　　D. 星期日

88. 用 FinalData 2.0 不能恢复的是________。

A. 误删除的数据　　B. 回收站中被清除的数据

C. 碎片文件中的原数据　　D. 误格式化的文件

89. 恢复误删除文件的工具有很多，下列选项中，只能在 Windows 9x 下运行的是________。

A. File Scavenger　　B. FinalData

C. EasyRecovery　　D. Recovery4all

90. 有一个恢复工具只能恢复 NTFS 分区上被删除的文件，支持 Windows 2000/XP/NT 系统，可以恢复格式化后的分区文件，但是无法恢复被格式化后的分区，则该工具是________。

A. File Scavenger　　B. FinalData

C. EasyRecovery　　D. Recovery4all

三、多项选择题（下列每题有 4 个选项，其中有 2 个或 2 个以上是正确的，请将其代号填写在横线空白处）

1. 导热硅脂是一种加入导热填料的油脂状硅酮材料，具有________的特点。

A. 良好的挥发性　　B. 良好的高温稳定性

C. 低渗油量　　D. 高热导率

2. 风冷散热系统的核心部件是风扇和散热片，其散热的好坏与________有关。

A. 风扇的转速　　B. 风扇的扇叶形状

C. 散热器的材料　　D. 散热器的造型

3. 经检测，下列 CPU 散热系统不会对人体造成伤害的是________。

A. 风冷散热系统　　B. 液氮散热系统

C. 热管散热系统　　D. 半导体散热系统

4. 液氮散热系统是一种极好的散热设备，属于________散热。

A. 集中式　　B. 分散式

C. 离散式　　D. 被动式

5. 热管散热系统是与风冷散热系统完全不同的一种散热器，一般由________等部分构成。

A. 热量输入端（吸热端）　　B. 导热管

C. 风扇　　D. 热量输出端（散热端）

6. 下列选项中，不用加风扇的制冷系统是________。

A. 风冷　　B. 液氮

C. 热管　　D. 半导体散热

7. 霜凝现象就是在散热器的冷端结霜，并容易形成水滴，对系统会构成极大的威胁。下列散热系统中，不会产生该现象的是________。

A. 风冷　　B. 液氮

C. 热管　　D. 半导体散热

8. 半导体散热技术属于________散热。

A. 集中式　　B. 分散式

C. 离散式　　D. 被动式

9. 导热硅脂具有高热导率、低渗油量和良好的高温稳定性等优点，在________时仍然有作用。

A. 50℃　　B. 100℃

C. 150℃　　D. 200℃

10. 安装散热器时忘记在散热器与 CPU 接触的部分涂上硅脂，可能会发生________等问题。

A. 不断重启　　B. 开机即死机

C. 无法启动　　D. CPU 烧毁

11. 电路板发生故障的主要原因是________。

A. 元器件故障　　B. 电路板断路

C. 温度过高　　D. 电磁干扰

12. 电路板上的元器件损坏，需要进行的检测有________。

A. 观察元器件外观　　B. 嗅闻有无烧焦的味道

C. 检测元器件　　D. 代替法测试

13. 对元器件故障进行维修检查，一般应遵循的原则是________。

A. 先易后难　　B. 先观察后测量

C. 先分析后检测　　D. 按可能性由大到小进行检测

14. 下列选项中，属于电路板断路故障修复方法的是________。

A. 丝材热压键合　　B. 丝材超声波键合

C. 倒装芯片法　　D. 梁引线技术

15. 笔记本电脑硬盘故障一般可以分为________。

A. 电路板故障　　B. 盘体故障

C. 接口故障　　D. 读写故障

16. 硬盘可以说是计算机中最为脆弱的部件之一，造成硬盘数据丢失的原因主要有________。

A. 硬件损坏　　B. 数据误删

C. 病毒/间谍程序入侵　　D. 硬盘重新格式化

17. 笔记本电脑无法从硬盘启动，即使使用启动盘也无法引导进入系统，进入 CMOS 发现自动检测功能并不能检测到硬盘，此故障的原因可能是________。

A. 硬盘故障　　B. 硬盘数据线故障

C. 硬盘跳线错误　　D. 主板故障

18. 笔记本电脑硬盘出现坏道，可以使用________程序进行维修。

A. PC-3000　　B. MHDD

C. THDD　　D. HDD Regenerator

19. 正常使用笔记本电脑时，会引起硬盘温度升高的原因是________。

A. 硬盘散热不良　　B. 硬盘有坏道

C. 硬盘碎片增多　　D. 硬盘存储的数据很多

20. 硬盘温度过高，对笔记本电脑产生的影响有________。

A. 晶体振荡器的时钟主频发生改变

B. 造成硬盘电路元器件失灵

C. 磁介质因热胀效应而导致记录错误

D. 笔记本电脑花屏，甚至死机

21. 笔记本电脑能够开机，但是无法启动系统，此故障的原因可能是________。

A. 主引导程序损坏　　B. 分区表损坏

C. 分区有效位错误　　D. DOS引导文件损坏

22. 数据丢失一般有两种原因，即软件故障和硬件故障。下列选项中，属于硬件故障的是________。

A. 磁盘划伤　　B. 电路板芯片及其他元器件烧坏

C. 0磁道损坏　　D. 硬盘被加逻辑锁

23. 激光头的使用寿命实际上就是光驱的使用寿命，延长光驱的使用寿命，应该从激光头的保养做起，具体方法有________。

A. 保持光驱、光盘清洁　　B. 少用盗版光盘，多用正版光盘

C. 保持光驱垂直放置　　D. 养成关机前及时取盘的习惯

24. 笔记本电脑光驱无法正常读盘，此故障的原因可能是________。

A. 感染病毒　　B. 光驱使用时间过长，激光头功率过小

C. 驱动程序损坏　　D. 光驱跳线不正确

25. 光驱在读取数据时，有时读不出，并且读盘的时间变长，此故障的原因可能是________。

A. 激光头损坏　　B. 光电管表面积尘

C. 激光管老化　　D. 激光管透镜积尘

26. 造成光驱读盘性能不稳定的原因可能是________。

A. 系统感染了病毒　　B. 激光管老化

C. 光驱控制电路故障　　D. 激光头损坏

27. 笔记本电脑主板的BIOS密码类型有________。

A. PowerOn Password　　B. SuperVisor Password

C. User Password　　D. Hard Disk Password

28. 一般情况下，笔记本电脑主板故障产生的原因有________。

A. 人为故障　　B. 环境不良

C. 元器件质量问题　　D. 设计复杂

29. 笔记本电脑加电之前，主板电源＋5 V与地（GND）之间的电阻值属于正常的是________。

A. 150 Ω　　B. 80 Ω

C. 300 Ω　　D. 50 Ω

30. 笔记本电脑加电后没有反应，此故障的原因可能是________。

A. 系统供电单元电路损坏　　B. 线性稳压块内部损坏

C. BIOS 损坏　　D. 硬盘损坏

31. 下列表述正确的是________。

A. 内存 SPD 芯片的信息较难更改，因此通过 CPU-Z 等测试软件读取 SPD 信息可以鉴定内存的真伪

B. 内存的 CL 值越低越好

C. 笔记本电脑内存一般采用 MBGA 封装方式，发热相对较小

D. DDR 笔记本电脑内存为 144 pin，中间有一个缺口，该缺口的作用是防止插反

32. 笔记本电脑内存的类型有________。

A. EDO　　B. SDRAM

C. DDR　　D. RDRAM

33. 判别笔记本电脑内存的真伪与质量的优劣，一般采用软件进行测试，常用的内存测试软件有________。

A. CPU-Z　　B. MemTest

C. EVEREST　　D. 3DMark

34. 笔记本电脑内存的金手指脱落，可以修复的方法有________。

A. 铅笔涂抹法　　B. 油笔涂抹法

C. 金手指粘贴法　　D. 金手指焊接法

35. 激光打印机组成系统包括供电系统、直流控制系统、接口系统和________。

A. 碳粉供给系统　　B. 激光扫描系统

C. 成像系统　　D. 搓纸系统

36. 激光打印机的工作过程包括充电、曝光、显影、转印、________等工序。

A. 消电　　B. 清洁

C. 热压　　D. 定影

37. 目前激光打印机多采用 USB 接口连接，因为 USB 接口具有________的优点。

A. 通用性和易用性　　B. 支持热插拔

C. 传输速率较高　　D. 可靠性

38. 常见激光打印机与计算机的接口方式有________。

A. 并口　　B. USB

C. 串口　　D. RJ45

39. 激光打印机刚加满碳粉，可是打印出的纸张上有横向黑条，此故障的原因可能是________。

A. 激光扫描故障　　B. 电路故障

C. 显影故障　　D. 感光鼓故障

40. 激光打印机刚加满碳粉，可是打印出的样张全白，此故障的原因可能是________。

A. 激光扫描系统故障　　B. 激光器控制电路故障

C. 感光鼓传动部件损坏　　D. 充电电极损坏

41. 激光打印机打印出的纸张上有纵向黑条，此故障的原因可能是________。

A. 清洁电路故障　　B. 定影故障

C. 显影故障　　D. 感光鼓故障

42. 激光打印机打印出的纸张上左边或右边变黑，此故障的原因可能是________。

A. 碳粉不均匀　　B. 碳粉盒故障

C. 清洁电路故障　　D. 感光鼓故障

43. 激光打印机是激光扫描技术和电子照相技术相结合的产物，其中激光扫描装置包括________。

A. 激光发生器　　B. 旋转镜

C. 透镜　　D. 反射镜

44. 激光器是激光扫描系统的光源，常用的激光器有________。

A. 氖气体激光器　　B. 半导体激光器

C. 氦气体激光器　　D. 氦-氖气体激光器

45. 测量激光打印机的原状激光功率时，功率计的引线接数字毫伏表。下列选项中，能够表示激光发生器是完好的数值是________。

A. 190 mV　　B. 220 mV

C. 250 mV　　D. 280 mV

46. 原状激光是指未做任何光学处理的原始激光，其功率测量的目的是通过过滤装置选择________过滤的设定，以判断激光发生器的好坏。

A. 5％　　B. 20％

C. 80％　　D. 100％

47. 检测扩展卡电路时发现某个电阻或电容损坏，需要使用________等维修工具进行维修更换。

A. 吸锡器　　B. 镊子

C. 电烙铁　　D. 防静电手套

48. 电路故障分析方法有________。

A. 仔细检查相关电路　　B. 认真测量相关器件

C. 安装电路板　　D. 更换元器件

49. 采用 CSP 封装的 IC 芯片，尺寸边长不大于芯片的________倍，面积不超过晶粒（Die）的________倍。

A. 1.2　　B. 1.3

C. 1.4　　D. 1.5

50. 下列选项中，属于芯片封装方式的是________。

A. DIP　　B. BGA

C. PLCC　　D. MCM

51. 更换直插式芯片时，需要使用专用的插拔芯片工具（芯片起拔器），这种起拔器可以拔起以________形式封装的芯片。

A. DIP　　B. BGA

C. PLCC　　D. PGA

52. 热风枪焊接芯片需要经过________等阶段才能完成焊接。

A. 预热　　B. 焊接

C. 冷却　　D. 清洁

53. 硬盘固件相当于主板的 BIOS，可以通过________等操作刷新固件。

A. 升级　　B. 重写

C. 更换　　D. 光擦写

54. 硬盘固件保存在________中。

A. 电路板控制芯片　　B. 硬盘的负磁道

C. 硬盘的 0 磁道　　D. 电路板 BIOS 芯片

55. PC-3000 软件可以修复的硬盘故障包括________。

A. 重写硬盘 Firmware　　B. 修复缺陷扇区或缺陷磁道

C. 禁止使用缺陷磁头　　D. 重新调整内部参数

56. 硬盘固件存储着________等信息，这些信息称为厂家信息。

A. 硬盘大小　　B. 产品型号

C. 兼容的 CPU 类型　　D. 兼容的内存类型

57. 数据丢失一般有两种原因，即软件故障和硬件故障。下列选项中，属于软件故障的是________。

A. 感染病毒　　B. 误格式化

C. 0 磁道损坏　　D. 硬盘被加逻辑锁

58. 硬盘数据丢失的原因一般是________。

A. 硬盘损坏　　B. 市电电压过高

C. 人为操作失误　　D. 感染病毒

59. 下列丢失的信息，用 FinalData 2.0 可以恢复的有________。

A. 误删除的数据　　B. 回收站中被清除的数据

C. 碎片文件中的原数据　　D. 误格式化的文件

60. 恢复工具________不但能恢复 NTFS 分区上被删除的文件，也支持 Windows 2000/XP/NT 系统，还可以恢复 Windows 9X 格式化后的分区文件。

A. File Scavenger　　B. FinalData

C. EasyRecovery　　D. Recovery4all

参考答案

一、判断题

1. √	2. √	3. √	4. ×	5. ×	6. √	7. √	8. √	9. √
10. √	11. √	12. ×	13. ×	14. √	15. √	16. ×	17. √	18. √
19. ×	20. √	21. ×	22. √	23. ×	24. √	25. √	26. ×	27. ×
28. √	29. ×	30. √	31. √	32. ×	33. √	34. √	35. √	36. ×
37. ×	38. √	39. √	40. √	41. √	42. ×	43. ×	44. √	45. √
46. ×	47. ×	48. √	49. √	50. ×	51. ×	52. √	53. ×	54. √
55. √	56. ×	57. √	58. ×	59. ×	60. √			

二、单项选择题

1. D	2. C	3. D	4. B	5. C	6. D	7. B	8. A	9. D
10. B	11. C	12. D	13. A	14. B	15. C	16. B	17. D	18. C
19. B	20. A	21. A	22. A	23. B	24. C	25. B	26. D	27. A
28. C	29. B	30. A	31. A	32. B	33. C	34. D	35. C	36. C
37. B	38. D	39. B	40. B	41. A	42. B	43. C	44. B	45. C
46. A	47. B	48. B	49. A	50. B	51. C	52. C	53. A	54. B
55. D	56. A	57. B	58. B	59. A	60. C	61. D	62. B	63. B
64. B	65. C	66. B	67. B	68. A	69. C	70. D	71. B	72. C
73. A	74. B	75. D	76. D	77. B	78. C	79. A	80. B	81. B
82. B	83. B	84. A	85. C	86. D	87. C	88. C	89. D	90. A

三、多项选择题

1. BCD	2. ABCD	3. ACD	4. AD	5. ABD
6. BC	7. AC	8. AD	9. ABC	10. ABD
11. AB	12. ABC	13. ABCD	14. ABCD	15. AB
16. ABCD	17. ABC	18. ABCD	19. ABC	20. ABCD
21. ABCD	22. AB	23. ABD	24. ABCD	25. BCD
26. AB	27. ABD	28. ABC	29. AC	30. AB
31. ABCD	32. ABC	33. ABCD	34. AC	35. BCD
36. ABD	37. ABC	38. ABD	39. ABC	40. ABCD
41. ABCD	42. AB	43. ABC	44. BD	45. ABC
46. CD	47. ABC	48. AB	49. AC	50. ABCD
51. AC	52. ABC	53. AB	54. BD	55. ABCD
56. AB	57. ABCD	58. ACD	59. ABD	60. BC

第二部分　操作技能鉴定指导

考 核 要 点

操作技能考核范围	考核比重（%）	考核方式	考核要点	重要程度
计算机系统安装、配置与调试	20	选考1题	1. 计算机部件识别	掌握
			2. 多媒体设备连接	掌握
			3. 网络设备连接	掌握
		必考	4. 计算机操作系统安装与调试	掌握
		选考1题	5. 计算机系统选型	掌握
			6. 计算机系统检验与拷机处理	掌握
计算机系统日常维护	25	选考1题	1. 计算机软件系统日常维护	掌握
			2. BIOS升级	掌握
		必考	3. 数据备份与恢复	掌握
计算机系统故障分析与处理	55	必考	1. 计算机软件故障检测分析与排除	掌握
		选考1题	2. 台式机显卡损坏确认与维修	掌握
			3. 台式机机箱电源损坏确认与维修	掌握
			4. 不间断电源损坏确认与维修	掌握
		选考1题	5. 台式机硬盘存储信息恢复	掌握
			6. 台式机主板维修	掌握
			7. 激光打印机维修	掌握
			8. 笔记本电脑维修	掌握
			9. 液晶显示器维修	掌握

辅导练习题

【试题1】识别CPU的型号、主要技术参数

1. 考核要求

针对所给出的主流CPU或图片资料，写出其接口类型及生产工艺。

2. 准备工作

主流 CPU 1 块或图片资料。

3. 评分项目及标准

评分项目	评分要点	配分（分）	评分标准及扣分
识别 CPU 的型号、主要技术参数	接口类型	0.5	识别不正确，扣 0.5 分
	生产工艺	0.5	识别不正确，扣 0.5 分

【试题 2】安装独立声卡

1. 考核要求

把独立声卡安装到主机中，并将其固定好。

2. 准备工作

独立声卡 1 块。

3. 评分项目及标准

评分项目	评分要点	配分（分）	评分标准及扣分
安装独立声卡	安装、固定声卡，屏蔽板载集成声卡	0.5	声卡没有固定或板载集成声卡没有屏蔽，扣 0.5 分
	安装声卡驱动程序	0.5	驱动程序安装不正确，扣 0.5 分

【试题 3】根据网络拓扑图组建小型网络

1. 考核要求

制作双绞线，按图示所给网络拓扑图连接网络，配置两台主机的 IP 地址，测试网络的连通性。两台主机分别接在宽带路由器局域网 1 端口和 2 端口。

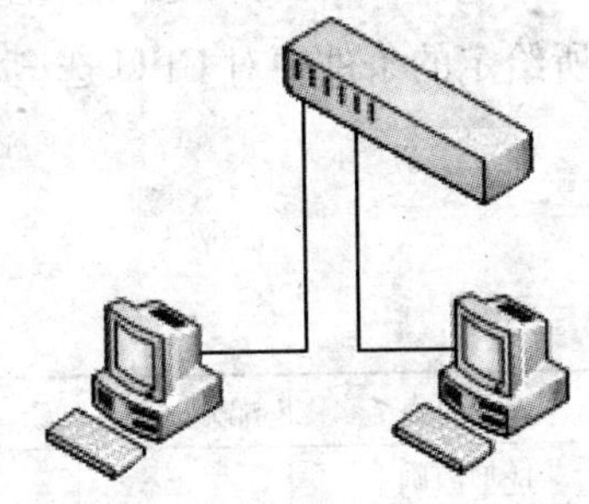

2. 准备工作

主机 2 台、双绞线 3 m、RJ45 水晶头 4 个、四口宽带路由器 1 台、压线/剥线钳 1 把（学生自备）。

3. 评分项目及标准

评分项目	评分要点	配分（分）	评分标准及扣分
根据网络拓扑图组建小型网络	制作双绞线	2	双绞线制作不正确，错一条线扣 1 分
	网络的连通性	1	网络不能连通，扣 1 分

【试题 4】安装、调试计算机操作系统

1. 考核要求

将硬盘划分为 C、D、E 三个分区，C 盘为主分区，容量为 15 GB，文件系统为 NTFS 格式；D 盘为逻辑分区，容量为 30 GB，文件系统为 NTFS 格式；余下的容量划分给 E 盘，E 盘为逻辑分区，文件系统为 FAT32 格式。根据安装盘的提示完成 Windows XP 的默认安装，设置第一个用户名为工位号，密码为空。系统安装完毕，重新启动系统，查看系统启动是否正常。

2. 准备工作

主机 1 台、Windows XP 系统安装光盘、分区工具光盘。

3. 评分项目及标准

评分项目	评分要点	配分（分）	评分标准及扣分
安装、调试计算机操作系统	硬盘分区	2	分区不正确，错一分区扣 0.5 分；三个分区都错，扣 2 分
	操作系统安装	2	未完成系统安装，扣 2 分
	操作系统调试	1	未按要求调试，扣 1 分

【试题 5】CPU 选型

1. 考核要求

为小型财务办公室购置一台总价在 3 000 元以内的计算机，现有四款 CPU，型号分别为：Intel Pentium E5300 2.6G、Intel Core2 Quad Q8200 2.33G、AMD Athlon Ⅱ X2 250、AMD Phenom Ⅱ X3 710。请在所给定的条件中对 CPU 选型，并简要给出选型理由。

2. 准备工作

四款 CPU 或其技术资料。

3. 评分项目及标准

评分项目	评分要点	配分（分）	评分标准及扣分
CPU 选型	选型原则	3	选型原则不清晰，扣 3 分
	选型	2	未明确选型，扣 2 分

【试题 6】测试 CPU 的性能

1. 考核要求

（1）测试 CPU 的数学运算性能，并将测试结果保存为 cpu-1. txt。

（2）测试 CPU 的浮点运算性能，并将测试结果保存为 cpu-2. txt。

（3）测试 CPU 的多媒体运算性能，并将测试结果保存为 cpu-3. txt。

2. 准备工作

主流 CPU 的主机 1 台、SiSoftware Sandra 2007 测试工具软件光盘。

3. 评分项目及标准

评分项目	评分要点	配分（分）	评分标准及扣分
测试 CPU 的性能	安装测试工具软件	0.5	不能安装测试工具软件，扣 0.5 分
	测试数学运算性能	1.5	未按要求完成测试，扣 1.5 分
	测试浮点运算性能	1.5	未按要求完成测试，扣 1.5 分
	测试多媒体运算性能	1.5	未按要求完成测试，扣 1.5 分

【试题 7】重建 Windows 注册表

1. 考核要求

（1）导出整个注册表，并将其保存为 old. reg。

（2）重建 Windows 注册表，并给出重建操作命令。

（3）导出重建后的整个注册表，并将其保存为 new. reg。

（4）比较注册表 old. reg 与 new. reg 的文件大小，并将比较信息保存为 reg. txt。

2. 准备工作

装有 Windows XP 的主机 1 台、DOS 启动光盘。

3. 评分项目及标准

评分项目	评分要点	配分（分）	评分标准及扣分
重建 Windows 注册表	导出整个旧的注册表	0.5	未按要求完成，扣 0.5 分
	重建 Windows 注册表	3	未按要求完成，扣 3 分
	导出整个新的注册表	0.5	未按要求完成，扣 0.5 分
	比较注册表文件的大小	1	不能完成比较，扣 1 分

【试题 8】主板 BIOS 升级

1. 考核要求

（1）备份主板 BIOS 程序为 oldbios。

（2）检测主板 BIOS 芯片类型。

（3）校验主板 BIOS 芯片。

（4）升级主板 BIOS 程序。

2. 准备工作

装有 Windows XP 的主机 1 台、WinFlash 软件光盘 BIOS 升级程序。

3. 评分项目及标准

评分项目	评分要点	配分（分）	评分标准及扣分
主板 BIOS 升级	备份主板 BIOS 程序	2	未按要求完成，扣 2 分
	检测主板 BIOS 芯片类型	0.5	未按要求完成，扣 0.5 分
	校验主板 BIOS 芯片	0.5	未按要求完成，扣 0.5 分
	升级主板 BIOS 程序	2	未按要求完成，扣 2 分

【试题 9】使用 Ghost 进行数据备份

1. 考核要求

（1）备份 C 盘中的所有数据，并保存为 C-ghost. gho。

（2）使用快速压缩模式备份数据。

（3）估算压缩比。

2. 准备工作

装有 Windows XP 的主机 1 台、Ghost 软件光盘。

3. 评分项目及标准

评分项目	评分要点	配分（分）	评分标准及扣分
使用 Ghost 进行数据备份	引导计算机进入纯 DOS 状态	1	未按要求完成，扣 1 分
	运行 Ghost 软件，选择备份分区	1	未按要求完成，扣 1 分
	选择压缩模式	1	未按要求完成，扣 1 分
	指定备份文件名称及备份文件存放位置	1	未按要求完成，扣 1 分
	估算压缩比	1	未按要求完成，扣 1 分

参考答案

【试题 1】识别 CPU 的型号、主要技术参数

操作步骤（或流程）及其注意事项：

1. 识别 CPU 的型号

通过查看 CPU 正面的产品编号信息，确定其品牌、产品系列、主频、二级缓存、前端总线、制造工艺等。

2. 识别 CPU 的接口方式

通过查看 CPU 的接口方式，确定其接口方式为引脚式、卡式、触点式、针脚式等，并确定其插槽类型，如 Socket 775、Socket 939 等。

【试题 2】安装独立声卡

操作步骤（或流程）及其注意事项：

1. 安装、固定声卡

查看独立声卡的接口类型（多数为 PCI 接口），在主板上找出空闲的插槽，将声卡插入插槽中，并将其固定。

2. 屏蔽板载集成声卡

如果主板有板载集成声卡，则进入 BIOS 将板载集成声卡屏蔽掉。

3. 安装声卡驱动程序

进入 Windows 操作系统，安装与声卡相适应的声卡驱动程序。

【试题 3】根据网络拓扑图组建小型网络

操作步骤（或流程）及其注意事项：

1. 制作双绞线

根据给定的网络拓扑图，按 568A 或 568B 制作两条直通线，并进行简易测试。

2. 测试网络的连通性

根据给定的网络拓扑图连接网络设备，配置两台主机的 IP 地址，如 192.168.1.101 和 192.168.1.102。在其中一台计算机上用 ping 命令测试与另一台计算机的连通性。

【试题 4】安装、调试计算机操作系统

操作步骤（或流程）及其注意事项：

1. 硬盘分区

使用 Windows XP 系统安装盘引导计算机进行分区，或使用分区工具盘引导计算机进行分区。

2. 操作系统安装

将系统安装到硬盘的主分区，根据提示完成 Windows XP 的默认安装。

3. 操作系统调试

重启系统进行调试，设置用户名为工位号，密码为空。

【试题 5】CPU 选型

操作步骤（或流程）及其注意事项：

1. CPU 选型分析

在四款 CPU 中，Intel Pentium E5300 2.6G 是双核心，其价位在 500 元以内；Intel Core2 Quad Q8200 2.33G 是四核心，其价位在 900 元左右；AMD Athlon Ⅱ X2 250 是双核心，其价位在 500 元以内；AMD Phenom Ⅱ X3 710 是三核心，其价位在 700 元左右。

2. 确定 CPU 选型

对于总价在 3 000 元以内的计算机，其 CPU 可以选择 Intel Pentium E5300 2.6G 或 AMD Athlon Ⅱ X2 250。因为 Intel 的 CPU 在网络、浮点数运算及稳定性方面优于 AMD，所以可以优先考虑选择 Intel Pentium E5300 2.6G。

【试题 6】测试 CPU 的性能

操作步骤（或流程）及其注意事项：

1. 安装测试工具软件

根据测试要求和所提供的测试工具，选择测试工具软件并安装。

2. 测试 CPU 的性能

（1）测试 CPU 的数学运算性能，并将测试结果保存为 cpu-1.txt。

（2）测试 CPU 的浮点运算性能，并将测试结果保存为 cpu-2.txt。

（3）测试 CPU 的多媒体运算性能，并将测试结果保存为 cpu-3.txt。

【试题 7】重建 Windows 注册表

操作步骤（或流程）及其注意事项：

1. 导出整个旧的注册表

运行注册表编辑器，选中“我的电脑”，点击鼠标右键，执行“导出”命令，导出范围为“全部”，按要求将文件保存为 old.reg。

2. 重建 Windows 注册表

用 DOS 引导盘进入纯 DOS 状态，并通过“C:\Windows\regedit/c old.reg”命令来重建注册表。

3. 导出整个新的注册表

在 Windows 系统中运行 regedit 程序，从注册表菜单中选择“文件”→“导出”，以导出整个注册表，并将其保存为 new. reg。

4. 比较注册表文件的大小

执行 comp 命令，比较 old. reg 与 new. reg 的文件大小，并将比较信息保存为 reg. txt。

【试题 8】主板 BIOS 升级

操作步骤（或流程）及其注意事项：

1. 备份主板 BIOS 程序

在 Windows XP 平台上安装、运行 WinFlash 工具软件，备份主板 BIOS 程序，并将文件保存为 oldbios。

2. 检测主板 BIOS 芯片类型

运行 WinFlash 工具软件，检测主板 BIOS 芯片类型。

3. 校验主板 BIOS 芯片

运行 WinFlash 工具软件，校验主板 BIOS 芯片。

4. 升级主板 BIOS 程序

运行 WinFlash 工具软件，升级 BIOS。

【试题 9】使用 Ghost 进行数据备份

操作步骤（或流程）及其注意事项：

1. 引导计算机进入纯 DOS 状态

使用 DOS 启动盘，引导计算机进入纯 DOS 状态。

2. 备份 C 盘中的数据

运行 Ghost 工具软件，选择菜单命令“Local（本地）”→“Partition（分区）”→“To Image（到镜像）”，再选择要备份的分区（C 盘），指定备份文件存放位置和文件名，当出现“Compress image file?”提示时，选择“Fast”进行小比例压缩。

3. 估算压缩比

查看备份文件的大小，并估算压缩比。

第三部分 模拟试卷

理论知识考核模拟试卷

一、判断题（下列判断正确的请在括号内打"√"，错误的请在括号内打"×"。每题1分，共34分）

1. 风冷散热系统的核心部件是风扇和散热片，其中风扇的降温效果取决于风扇的转速、扇叶形状和轴承系统。（ ）

2. 检查笔记本电脑硬盘是否完好，可以采用 Windows 系统自带的 Fdisk 进行扫描。（ ）

3. 某笔记本电脑使用的内存条型号是 Kingston DDR2 667，则该内存条的带宽为 10.5 GB/s。（ ）

4. PC-3000 通过破解各种型号硬盘专用 CPU 的指令集，解读各种硬盘的 Firmware（固件），实现硬盘内部参数模块读写和硬盘程序模块的调用，最终达到修复多种硬盘缺陷的目的。（ ）

5. 在硬盘生产过程中，盘片只能暴露在低于1 000级的超洁净间中，基本为无尘状态，这样才能保证硬盘长期稳定运行。（ ）

6. 使用示波器时，把荧光屏的辉度调得越大越亮越好。（ ）

7. 硬盘的0磁道出现错误时，可以在 BIOS 中找到该硬盘，但却不能启动系统。（ ）

8. 分区表的第四个字节为分区类型值，正常可引导的大于 32 MB 的基本 DOS 分区值为 06H，而扩展的 DOS 分区值是 05H。如果把 06H 改为 DOS 不能识别的类型如 EFH，则 DOS 认为该分区不是 DOS 分区，从而无法实现读写。（ ）

9. 启动黑屏是较常见的故障，大多是由于显卡接触不良或显卡损坏造成的，可采用"最小系统法"并结合"替换法"检查维修。（ ）

10. 由于 BIOS 设定关机时有一定的延时时间（Delay Time），关机时需要按住电源按钮并保持数秒钟才能将机器关闭。因为不能实现瞬间关闭，所以属于不正常现象。（ ）

11. 当路由器串口出现连通性问题时，为了排除串口故障，一般是从"show interface

serial”命令开始着手。（　）

12. 运行 PCMark 或 3DMark 程序时，如果屏幕显示存在问题，则必须运行 Ntest 做进一步测试。（　）

13. 本地计算机 Administrators 或 Backup Operators 组的成员，可以备份本地计算机上本地组范围内的任意文件和文件夹。（　）

14. RAID1 容灾系统的恢复速度是最慢的。（　）

15. 最小系统法是指从维修判断的角度能使计算机开机或运行的最基本的硬件和软件环境。（　）

16. 如果 explorer. exe 文件丢失，则启动 Windows XP 时在桌面上看不到任何图标。（　）

17. BOOTLOG. TXT 是记录系统启动过程的日志文件，用于系统故障排查。（　）

18. 删除注册表的某些项目之前，应该先导出注册表，以方便日后恢复注册表。（　）

19. 通过“服务”，可以在远程和本地计算机上开始、停止、暂停或继续服务，并配置启动和故障恢复选项，还可以对特定硬件配置文件启用或禁用服务。（　）

20. CAB 文件格式是由 Microsoft 创建的，CAB 文件格式比传统的 ZIP 文件格式有更高的压缩比。（　）

21. 两台设备使用同一个 IDE 接口不一定会产生资源冲突，但是两台设备（非 PCI 设备或非 USB 设备）使用同一个 IRQ 则一定会产生资源冲突。（　）

22. 如果设备管理器上一片空白，看不到硬件设备，那么排除该故障的方法是在运行中执行 devmgmt. msc 命令。（　）

23. 在芯片组检测到电源已经开始稳定供电后，它便撤去 Reset 信号，CPU 马上就从地址 00000H 处开始执行指令，该地址实际上属于系统 BIOS 的地址范围。（　）

24. Windows 系统每次正常启动时都会对注册表进行备份，System. dat 备份为 System. da0，User. dat 备份为 User. da0。（　）

25. 主引导扇区位于整个硬盘的 0 磁道 1 柱面 1 扇区，包括硬盘主引导记录 MBR 和分区表 DPT。（　）

26. 当删除一个文件时，一般并不是对实际文件所占用的扇区进行操作，而是在该表格中指明哪些空间是空白的，可以分配给其他文件使用。（　）

27. CPU 缓存是位于 CPU 与 Cache 之间的临时存储器。（　）

28. CAS Latency 不是内存的性能指标。（　）

29. 标准采样频率有三种：5 kHz（语音）、22.05 kHz（音乐）和 44.1 kHz（高保真），有些高档声卡能够提供 5～48 kHz 的连续采样频率。（　）

30. Super π 是一款用来计算圆周率的软件，但它更多地被用于测试 CPU 速度和系统速度。（ ）

31. 拷机时，通常要求尽量使机器的各个部件同时工作起来，主要目的是为了测试机器各部件的兼容性；拷机时还要求 CPU 的使用率达到 50%，并且机器连续工作时间长达 24 h 以上，这是为了检测机器高负荷下的稳定性。（ ）

32. HyperTransport 是一种存储技术。（ ）

33. PCI-E 2.0 显卡接口位宽为 x16，能够提供 6 GB/s 的带宽。（ ）

34. 带有 MAC 地址功能的宽带路由器可将网卡上的 MAC 地址写入，让服务器通过接入时的 MAC 地址验证，以获取宽带接入认证。（ ）

二、单项选择题（下列每题有 4 个选项，其中只有 1 个是正确的，请将其代号填写在横线空白处。每题 1 分，共 34 分）

1. 导热管内部装有低沸点的液体（如酒精），靠近 CPU 的一端称为________段，靠近散热部分的一端称为冷凝段。

A. 蒸发　　B. 导热

C. 吸热　　D. 散热

2. BIOS 自检时出现“HDD Controller Failure”提示，而硬盘没有异响，此故障的原因可能是________。

A. 硬盘损坏　　B. 引导文件损坏

C. BIOS 设置错误　　D. IDE 电缆线接触不良或者接反

3. 硬盘目录表损坏会造成大量文件的丢失，可以使用________进行修复。

A. Dm　　B. Fdisk

C. ScanDisk　　D. Format

4. 某服务器采用下列策略备份数据。星期日：完全备份；星期一至星期六：差异备份。该服务器的硬盘在星期六下午 2:16 损坏，则最后需要恢复________的数据。

A. 星期二　　B. 星期四

C. 星期六　　D. 星期日

5. 许多示波器具有垂直扩展功能。如果波段开关指示的偏转因数是 1 V/DIV，采用×5 扩展状态时，垂直偏转因数是________。

A. 0.2 V/DIV　　B. 0.5 V/DIV

C. 1 V/DIV　　D. 5 V/DIV

6. 球栅阵列封装是目前大部分芯片采用的封装形式。下列选项中，属于该封装形式的英文简称是________。

A. BGA　　B. TSOP

C. DIP　　D. PLCC

7. 若________受损，计算机会给出提示信息“HDD Controller Error”，说明0磁道上有文件损坏，这时必须用专用软件修复。

A. MBR　　B. BMR

C. RMB　　D. MRB

8. 硬盘是由一组金属材料为基层的盘片组成，盘片上附着磁性涂层，其中最外面的一圈称为________磁道。

A. 0　　B. 1

C. 第一　　D. 末

9. 显示器出现花屏，看不清字迹，故障原因一般是由于显示器或显卡不支持________而造成的。

A. 高分辨率　　B. 高电压

C. 高清晰度　　D. 高电流

10. 显卡的“8×1架构”说明________。

A. 显卡的图形核心具有8条像素渲染管线，每条管线具有1个纹理贴图单元

B. 显卡的图形核心具有8个纹理贴图单元，每个单元具有1条像素渲染管线

C. 显卡的图形核心具有8条超级流水线，每条流水线具有1条像素渲染管线

D. 显卡的图形核心具有8条超级流水线，每条流水线具有1个纹理贴图单元

11. 开关电源的________部分能够把直流电压变换成高频交流电压，并且起到隔离输出与输入的作用。

A. 保护电路　　B. 变换器

C. 输入电网滤波器　　D. 输入整流滤波器

12. 蓄电池电压偏低，开机充电十多个小时，蓄电池电压仍充不上去，从现象判断可能是________发生故障。

A. 输入电路和逆变器　　B. 蓄电池和充电电路

C. 蓄电池和逆变器　　D. 静态开关和逆变器

13. ________组的成员，能够对域内任何拥有双向信任关系的计算机上的任意文件和文件夹进行备份。

A. Backup Operators　　B. Guests

C. Administrator　　D. Everyone

14. 备份Active Directory目录服务时，以Administrator身份登录域控制器后，执行

________命令打开备份向导。

A. ntlookup　　B. ntstatic

C. ntbackup　　D. ntok

15. Windows XP 中 FixMBR 的作用是________。

A. 修复启动文件　　B. 修复主引导记录

C. 修复 0 磁道　　D. 恢复被删除的文件

16. ________是开机注册文件。

A. BOOTLOG. TXT　　B. BOOTLOG. BAT

C. DSIKLOG. TEX　　D. DSIKLOG. BAT

17. 硬盘容量以 MB 或 GB 为单位，1 GB=1 024 MB。硬盘厂商在标称硬盘容量时通常取________，因此用户看到的容量要比厂家标称的小。

A. 1 GB=800 MB　　B. 1 GB=900 MB

C. 1 GB=1 000 MB　　D. 1 GB=1 020 MB

18. 客户机被运行一段恶意程序，导致每次启动后均出现一个对话框，且对话框无法关闭，只能强制结束。若在 MSCONFIG 中找不到该程序，可运行注册表，在________下找到对应的键值后删除即可。

A. HKEY_LOCAL_MACHINE　　B. HKEY_USERS

C. HKEY_CURRENT_USER　　D. HKEY_CLASSES_ROOT

19. 如果计算机中 EXE 文件关联类型被改变，无法执行 EXE 文件，则正确的处理方法是________。

A. 在命令窗口输入：FTYPE EXEFILE="%1" %*

B. 在命令窗口输入：FTYPE EXEFILE=%1 "%*"

C. 在命令窗口输入：FTYPE EXEFILE="%1 *%"

D. 在命令窗口输入：FTYPE EXEFILE=%1 %*

20. 下列选项中，不能正确恢复注册表的是________。

A. 将以前备份过的注册表导入

B. 在 DOS 下运行 SCANREG/RESTORE 命令

C. 将注册表删除，再将旧的备份改名为 regedit. exe

D. 在 Windows 2000 中利用 repair 文件夹下的文件恢复

21. 安装 ISA Server 2006，发布 Web 时，报警端口 80 冲突，其原因是________。

A. 同台服务器上有配置 80 端口的其他 Web 站点存在

B. ISA Server 没有发布 Web 的功能

C. 防火墙限制了 80 端口

D. 网络适配器不能正常工作

22. 在设备管理器的某台设备前有“蓝色感叹号”，说明________。

A. 该设备已经被禁用
B. 该设备没有选择“自动设置”

C. 该设备驱动程序没有安装
D. 该设备驱动程序安装不正确

23. 通过启动盘进入纯 DOS 环境，在命令提示符后输入“________”，可以测试显卡 BIOS 所使用的 ROM 类型。

A. nvflash -f
B. nvflash -b

C. nvflash -c
D. nvflash -a

24. 清除“运行”列表中的程序名时，运行“Regedit”命令，打开注册表编辑器，然后找到“________/Software/Microsoft/Windows/CurrentVersion/Explorer/RunMRU”。

A. HKEY_CURRENT_USER
B. HKEY_USERS

C. HKEY_CURRENT_CONFIG
D. HKEY_LOCAL_MACHINE

25. 远程镜像磁盘数据更新方式为________。

A. 同步
B. 异步

C. 实时
D. 同步或异步

26. C 盘文件不小心被误删除，如果想要恢复，首先应当________。

A. 拔下计算机电源
B. 重启计算机

C. 关闭计算机
D. 注销计算机

27. 中国第一枚高性能通用 CPU 芯片是________。

A. 至强
B. 毒龙

C. 龙芯
D. 龙珠

28. 内存带宽＝________。

A. 内存时钟频率×内存总线位宽×内存倍速/8

B. 内存时钟频率×内存总线位宽×内存倍速

C. 内存总线位宽×内存倍速/8

D. 内存时钟频率×内存倍速/8

29. ________是一款专门用于 Windows 操作系统测试 CPU 子系统运行情况的测试软件。

A. CPUMark 2
B. Processor Multi-Media

C. SiSoftware Sandra 2007
D. Super π

30. PCMark 05 测试项目包括________。

①系统测试　②CPU测试　③内存测试　④显卡测试　⑤硬盘测试

A. ②③④　　B. ②③④⑤

C. ①②③④⑤　　D. ①③④⑤

31. 带宽就是传输速率，指每秒钟传输的最大________数。

A. 兆字节　　B. 千字节

C. 字节　　D. 比特

32. ________是一种为主板上的集成电路互联而设计的端到端总线技术，它可以在内存控制器、磁盘控制器以及PCI总线控制器之间提供更高的数据传输带宽。

A. HyperTransport　　B. FSB

C. PCI总线　　D. 北桥总线

33. ADSL调制解调器采用________技术在电话线上分隔有效带宽，产生多路信道。

A. 频分多路复用　　B. 时分多路复用

C. 码分多路复用　　D. 差分多路复用

34. 如果客户机无法找到DHCP服务器，则它从Microsoft保留的________网段中挑选一个IP地址作为自己的IP地址。

A. A类　　B. B类

C. C类　　D. D类

三、多项选择题（下列每题有4个选项，其中有2个或2个以上是正确的，请将其代号填写在横线空白处。每题1分，共32分）

1. 霜凝现象就是在散热器的冷端结霜，并容易形成水滴，对系统会构成极大的威胁。下列散热系统中，不会产生该现象的是________。

A. 风冷　　B. 液氮

C. 热管　　D. 半导体散热

2. 下列表述正确的是________。

A. 内存SPD芯片的信息较难更改，因此通过CPU-Z等测试软件读取SPD信息可以鉴定内存的真伪

B. 内存的CL值越低越好

C. 笔记本电脑内存一般采用MBGA封装方式，发热相对较小

D. DDR笔记本电脑内存为144 pin，中间有一个缺口，该缺口的作用是防止插反

3. 激光打印机打印出的纸张上有纵向黑条，此故障的原因可能是________。

A. 清洁电路故障　　B. 定影故障

C. 显影故障　　D. 感光鼓故障

4. 硬盘固件相当于主板的 BIOS，可以通过________等操作刷新固件。

A. 升级　　B. 重写

C. 更换　　D. 光擦写

5. BIOS 的功能有________。

A. 系统引导　　B. 程序服务请求

C. 中断服务程序　　D. 硬件自检及初始化程序

6. 在硬盘生产过程中，盘片只能暴露在低于 100 级的洁净间中，俗称“100 级洁净间”，该洁净间里大于 0.5 μm 的尘粒数量属于合理范围的有________。

A. 50 粒/m^3　　B. 100 粒/m^3

C. 500 粒/m^3　　D. 1 000 粒/m^3

7. 硬盘格式化的工具或命令有________。

A. Format　　B. PQ

C. Dm　　D. Linux

8. 0 磁道记录了硬盘的________等一系列重要信息。

A. 规格　　B. 型号

C. 主引导记录　　D. 目录结构

9. 关闭 BIOS 中的定时开机和来电自动开机功能，计算机只要接通电源还会自动开机，此故障的原因可能是________。

A. 电源本身抗干扰能力较差，电源接通瞬间产生的干扰使其主回路开始工作

B. +5 V SB 电压过低

C. 主板的 PS-ON 信号质量较差

D. 显示器故障

10. UPS 蓄电池电压偏低，但开机充电十多个小时，蓄电池电压仍充不上去，应当检验________。

A. 充电电路输入输出电压是否正常

B. 计算机主机是否损坏

C. 电池使用寿命是否到期

D. 计算机的显示是否正常

11. 路由器配置错误故障主要表现为________。

A. 配置的协议类型不对　　B. CPU 利用率过高

C. 配置的端口不对　　D. 内存余量太小

12. 检测验收笔记本电脑时，能够说明该笔记本电脑存在问题的现象是________。

A. 机器背面的 SN 码与包装箱上的 SN 码一致

B. 电池槽挡板留有指纹痕迹

C. 主板 BIOS 里的第二个 SN 码与包装箱上的 SN 码不一致

D. 电池的充电次数太多

13. 下列选项中，属于数据备份类型的是________。

A. 完全备份　　B. 差异备份

C. 事务日志备份　　D. 文件或文件组备份

14. Master 记录了有关 SQL Server 2000 系统和用户数据库的________。

A. 系统错误信息　　B. 用户账户

C. 环境变量　　D. 数据字典

15. 下列关于组策略的说法，正确的是________。

A. Windows 2000 有组策略，Windows XP 没有组策略

B. 组策略的设置可以通过修改注册表的方法实现

C. Windows XP 不仅有组策略，而且有系统配置文件 MSCONFIG. SYS，而 Windows 2000 只有组策略，没有系统配置文件 MSCONFIG. SYS

D. 组策略编辑器的运行命令是 gpedit. exe

16. 下列关于硬盘保护卡的说法，正确的是________。

A. 应该将 BIOS 中的病毒警告框关闭

B. 应该将 BIOS 中的地址映射设为不使用

C. 应该将第一启动设备设为 LAN

D. 应该将光驱和硬盘接在不同的 IDE 口上

17. 个人防火墙可以提供的服务有________。

A. Port Blocking　　B. NAT

C. Authentication　　D. Connection Traceback

18. 设置系统环境变量可在________中进行。

A. 命令提示符窗口　　B. 用户账号

C. 系统属性的高级选项　　D. 设备管理器

19. “限制可保留带宽”属性对话框包括的选项有________。

A. 未配置　　B. 未定义

C. 已启用　　D. 已禁用

20. 下列关于 CAB 文件和 ZIP 文件的说法，正确的是________。

A. CAB 文件的压缩率比 ZIP 文件的压缩率高

B. CAB 文件通用性不强，一般只用于压缩安装程序

C. 两者各有特点

D. ZIP 制作压缩包过程简单

21. 众所周知的端口号范围是从 0 到 1023，这些端口号一般固定分配给一些服务，比如________。

A. 21 端口分配给 FTP 服务
B. 25 端口分配给 SMTP 服务
C. 80 端口分配给 HTTP 服务
D. 135 端口分配给 RPC 服务

22. 设备管理器上一片空白，看不到硬件设备，该故障的排除方法有________。

A. 右击“我的电脑”，选择“管理”，然后在“服务和应用程序”中选择“服务”，在右侧找到“Plug and Play”，启动该服务

B. 在注册表中打开 HKEY_CURRENT_USER\Software\Microsoft\Internet Explorer\Toolbar 的三个子键：Explorer、ShellBrower、WebBrower，把每个“ITBarLayout”项删除

C. 运行 regsvr32 C:\Windows\system32\msxml3. dll

D. 运行 devmgmt. msc

23. 在 Windows 系统中，注册表由________组成。

A. System. dat
B. User. dll
C. System. dll
D. User. dat

24. nvflash 与各种命令参数配合使用时可以实现不同的功能，以下对命令参数解释正确的是________。

A. -f〈filename〉 将名为“filename”的 BIOS 文件写入显卡的 ROM 芯片中，然后进行校验

B. -b〈filename〉 从显卡的 ROM 芯片中读取 BIOS，并以“filename”为名进行保存

C. -k〈filename〉 从显卡的 ROM 芯片中读取 BIOS，并与名为“filename”的 BIOS 文件比较

D. -c 检测显卡的 ROM 芯片是否支持刷新

25. BPB（BIOS 参数块）记录着本分区的________。

A. FAT 个数
B. 根目录大小
C. 文件存储格式
D. 分配单元大小

26. CPU 的接口方式有________。

A. 引脚式
B. 卡式

C. 触点式　　D. 针脚式

27. 测试液晶显示器的点缺陷，一般可以切换至________三色显示模式来查找液晶显示器的点缺陷。

A. 红　　B. 绿

C. 蓝　　D. 黄

28. 显卡的性能指标有________。

A. 显存容量　　B. 制造工艺

C. 渲染管道　　D. 显存速度

29. MemTest 是内存检测工具，可以________。

A. 彻底检测出内存的稳定度　　B. 测试记忆区块的存储能力

C. 测试检索资料的能力　　D. 测试系统的稳定性

30. 内存双通道，________。

A. 一般要求按主板上内存插槽的颜色成对使用

B. 有些主板需要在 BIOS 中进行设置

C. 一般主板说明书会给出说明

D. 以上都不对

31. 为连接在交换机上的每一台主机设置 IP 地址、网关、子网掩码和 DNS 服务器地址的方式有________。

A. 静态 IP 地址配置方式　　B. 自动 IP 地址配置方式

C. 动态 IP 地址配置方式　　D. 保留 IP 地址配置方式

32. 计算机硬件最小系统包括________等部分。

A. 电源　　B. 主板

C. CPC　　D. 键盘

理论知识考核模拟试卷参考答案

一、判断题

1. √	2. ×	3. ×	4. √	5. ×	6. ×	7. √	8. √	9. √
10. ×	11. √	12. ×	13. √	14. ×	15. √	16. √	17. √	18. √
19. √	20. √	21. √	22. ×	23. ×	24. √	25. ×	26. √	27. ×
28. ×	29. ×	30. ×	31. ×	32. ×	33. ×	34. √		

二、单项选择题

1. A	2. D	3. C	4. C	5. A	6. A	7. A	8. A	9. A
10. A	11. B	12. B	13. A	14. C	15. B	16. A	17. C	18. A
19. A	20. C	21. A	22. B	23. C	24. A	25. D	26. A	27. C
28. A	29. A	30. C	31. C	32. A	33. A	34. B		

三、多项选择题

1. AC	2. ABCD	3. ABCD	4. AB	5. BCD
6. AB	7. ABC	8. ABCD	9. ABC	10. AC
11. AC	12. BCD	13. ABCD	14. ABCD	15. BC
16. ABCD	17. AD	18. AC	19. ACD	20. ABCD
21. ABCD	22. ABC	23. AD	24. ABCD	25. ABCD
26. ABCD	27. ABC	28. ABCD	29. ABC	30. ABC
31. AC	32. ABC			

操作技能考核模拟试卷

一、计算机部件识别与装配（5 分）

1. 根据考场提供的计算机 A，写出 CPU 的接口类型及生产工艺。

2. 把考场提供的独立声卡安装到计算机 A 中。

3. 制作双绞线，按给定的网络拓扑图连接网络。

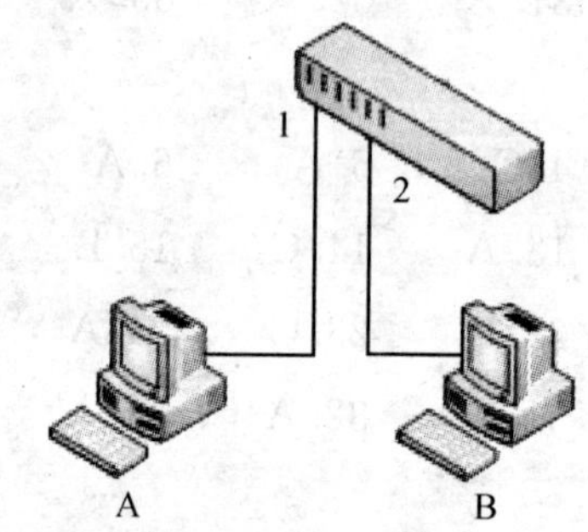

二、计算机操作系统安装与调试（5 分）

1. 安装操作系统。将硬盘划分为 C、D、E 三个分区，C 盘为主分区，容量为 15 GB，文件系统为 NTFS 格式；D 盘为逻辑分区，容量为 30 GB，文件系统为 NTFS 格式；余下的容量划分给 E 盘，E 盘为逻辑分区，文件系统为 FAT32 格式。

2. 根据安装盘的提示完成 Windows XP 的默认安装，设置计算机名为工位号，设置第一个用户名为工位号，密码为空。

3. 调试操作系统。安装驱动程序，设置显示器屏幕刷新频率为 75 Hz，配置计算机 A、B 的 IP 地址，分别为 192. 168. 1. 101 和 192. 168. 1. 102。

三、计算机系统选型与检测（10 分）

1. 为小型财务办公室购置一台总价在 3 000 元以内的计算机，现有四款 CPU，型号分别为：Intel Pentium E5300 2. 6G、Intel Core2 Quad Q8200 2. 33G、AMD Athlon Ⅱ X2 250、AMD Phenom Ⅱ X3 710。请在所给定的条件中对 CPU 选型，并简要给出选型理由。

2. 使用所提供的测试工具软件对考场提供的计算机 A 的 CPU 性能进行以下测试：

（1）测试 CPU 的数学运算性能，并将测试结果保存为 cpu-1. txt。

(2) 测试 CPU 的浮点运算性能，并将测试结果保存为 cpu-2. txt。

(3) 测试 CPU 的多媒体运算性能，并将测试结果保存为 cpu-3. txt。

四、计算机软件系统日常维护（20 分）

1. 对考场提供的计算机 A，要求通过重建注册表的方法给注册表瘦身，并完成以下工作：

(1) 导出整个注册表，并将其保存为 old. reg。

(2) 重建 Windows 注册表，并给出重建操作命令。

(3) 导出重建后的整个注册表，并将其保存为 new. reg。

(4) 比较注册表 old. reg 与 new. reg 的文件大小，并将比较信息保存为 reg. txt。

2. 对考场提供的计算机 A，为获得显卡所支持的最新功能，需要升级 BIOS，并完成以下工作：

(1) 备份显卡 BIOS 程序为 oldbios。

(2) 检测显卡 BIOS 芯片类型。

(3) 校验显卡 BIOS 芯片。

(4) 升级显卡 BIOS 程序。

五、数据备份与恢复（5 分）

对考场提供的计算机 A，使用 Ghost 进行数据备份，并完成以下工作：

(1) 备份 C 盘中的所有数据，并保存为 C-ghost. gho。

(2) 使用快速压缩模式备份数据。

(3) 估算压缩比。

六、计算机软件故障检测分析与排除（20 分）

1. 考场提供的计算机 B，开机自检测通过后，系统不能正常启动，出现黑屏现象，屏幕左上角只有光标闪烁，按“Reset”键重启计算机后故障依旧，分析故障原因并排除该故障。

2. 考场提供的计算机 B，开机自检测通过后，系统不能正常启动，屏幕提示“hal. dll 文件错误或丢失”，按“Reset”键重启计算机后故障依旧，分析故障原因并排除该故障。

七、计算机系统板级维修（15 分）

考场提供的计算机 B，开机自检测通过后，显示器出现花屏现象，按“Reset”键重启计算机后故障依旧，分析故障原因并排除该故障。

八、计算机系统片级维修（20 分）

考场提供的计算机 B，加电开机后，屏幕提示 CMOS 信息丢失，按“F1”键后可正常启动，关机后再次开机，故障依旧，写出故障检测流程，分析故障原因并排除该故障。